T0274911

I CHING

CONOCE TU DESTINO

JAVIER RUESCAS

I CHING
CONOCE TU DESTINO

URANO
Argentina – Chile – Colombia – España
Estados Unidos – México – Perú – Uruguay

¿QUÉ ES EL I CHING?

I Ching significa «Libro de las mutaciones». Cuenta la leyenda que al sabio Fu-Hi se le apareció una criatura con cabeza de dragón y caparazón de tortuga. Sobre este se dibujaba un conjunto de líneas que formaban los ocho trigramas elementales: Cielo, Truono, Agua, Montaña, Tierra, Viento, Fuego y Lago

Después de los estudios del rey Wen y de su hijo, en torno al siglo XI a. C. el libro pasó una última fase de interpretaciones por parte del confucianismo, que lo acercaron más a la concepción que tenemos hoy en día. No obstante, la versión más extendida actualmente es la de Richard Wilhem.

El I Ching no es solo un libro oracular capaz de predecir de alguna manera el devenir de los acontecimientos, sino que enseña y se sustenta sobre una valiosísima y rica base filosófica oriental. Las respuestas que ofrece este libro provienen de indagar en tu interior al leer los textos y encontrar en ti mismo la fuerza y el camino que debes tomar. El I Ching nos habla a cada uno de nosotros de manera particular. Se debe entender como un instrumento auxiliar para hallar esta posible armonía: una brújula infalible para la orientación correcta. Al final, lo que el I Ching plantea es que debemos encontrar el equilibrio entre nosotros y el universo que nos rodea y que fluye constantemente, ya que lo único constante es el cambio, las mutaciones. Y que en ese cambio, en la fuerza de los opuestos, la luz y la oscuridad, se pueden encontrar las respuestas a las dudas e interrogantes de nuestro día a día, pues nada se estanca, nada se detiene; incluso lo que llega a su apogeo, vuelve a transformarse en su contrario.

Si esta es la primera vez que te acercas al I Ching, debes tener en cuenta lo siguiente:

→ Aunque se ha tratado de simplificar los textos originales para su comprensión en nuestros tiempos, debes tener la mente abierta para conectar con ellos en función de la pregunta que hayas realizado.

→ Esto no tiene nada que ver con el ocultismo ni ningún tipo de magia, sino con la reflexión y el aprendizaje.

→ No busques una respuesta absoluta y concreta. Lo que el I Ching te ofrece es un mapa de la situación y de cómo deberías actuar en un momento determinado. En el fondo, como ya se ha dicho, la respuesta está en ti. Lo que el I Ching hará será clarificar el camino.

→ Procura que tu pregunta sea lo más concreta posible. Ayuda también que la escribas o la digas en voz alta para que no se pierda o varíe en tus pensamientos.

→ Medita la respuesta y trata de encontrar un aprendizaje en su mensaje.

LO QUE EL I CHING PLANTEA ES QUE DEBEMOS ENCONTRAR EL EQUILIBRIO ENTRE NOSOTROS Y EL UNIVERSO QUE NOS RODEA Y QUE FLUYE CONSTANTEMENTE, YA QUE LO ÚNICO CONSTANTE ES EL CAMBIO, LAS MUTACIONES.

¿CÓMO CONSULTAR EL I CHING?

Los **ocho trigramas** presentes en el I Ching son los siguientes, y representan unos principios determinados:

Elemento	Símbolo	Significado	Nombre
Ciclo		Yang absoluto Lo masculino Creatividad | Conquista Muerte | Derivación Padre	*Ch'ien*
Trueno		Yang Movimiento Impulso | Procreación Nacimiento Hijo mayor	*Chen*
Agua		Yin Peligro Ansia | Frío | Fluir Embrión Segundo hijo	*K'an*
Montaña		Yin Estabilidad Inamovible | Confianza Madurez Tercer hijo	*Ken*

Tierra		Yin Pequeño Yin Lo femenino Receptivo | Servir Madre	*K'un*
Viento		Yin Sensibilidad Madurar | Receptividad Persistencia Hija mayor	*Sun*
Fuego		Yang Luminosidad Inteligencia | Dependencia Concepción Segunda hija	*Li*
Lago		Yang Alegría Cambio | Felicidad Tranquilidad | Disfrute Tercera hija	*Tui*

Al principio, estos ocho trigramas se obtenían leyendo los caparazones de las tortugas, siguiendo las enseñanzas del emperador Fu-Hi. Más tarde comenzaron a usarse cincuenta tallos de milenrama, pero el proceso para descifrarlo era arduo y farragoso. De ahí que, tiempo después, comenzara a utilizarse el método de lanzar sobre una superficie tres monedas iguales (euros, peniques, yenes...).

Independientemente del método que se utilice, obtendremos la combinación de dos de los trigramas del cuadro anterior y formaremos uno de los sesenta y cuatro posibles hexagramas. Cada uno de estos hexagramas representa una situación concreta y se le conoce por un nombre diferente. Y aunque los textos originales datan de hace más de cuatro mil años y hacen referencia sobre todo a las decisiones que debían tomar reyes y emperadores, nosotros también podemos dilucidar en sus palabras el camino para las preguntas de nuestro tiempo.

Una vez más insistimos en que, más que adivinar el futuro, lo que ofrece el I Ching, para quienes son abiertos de mente y desean aprender de él, son consejos y advertencias sobre cómo enfrentarse a determinados escenarios. Si bien la técnica para leer el I Ching no es difícil, se vuelve más claro y sencillo de dilucidar cuanto más acostumbrado esté uno a hacerlo.

OBTENDREMOS LA COMBINACIÓN DE DOS DE LOS TRIGRAMAS DEL CUADRO ANTERIOR Y FORMAREMOS UNO DE LOS SESENTA Y CUATRO POSIBLES HEXAGRAMAS.

Wu Wang

CADA UNO DE ESTOS HEXAGRAMAS REPRESENTA UNA SITUACIÓN CONCRETA Y SE LE CONOCE POR UN NOMBRE DIFERENTE.

LOS HEXAGRAMAS

SUPERIOR / INFERIOR	Cielo	Trueno	Agua	Montaña	Tierra	Viento	Fuego	Lago
Cielo	1	34	5	26	11	9	14	43
Trueno	25	51	3	27	24	42	21	17
Agua	6	40	29	4	7	59	64	47
Montaña	33	62	39	52	15	53	56	31
Tierra	12	16	8	23	2	20	35	45
Viento	44	32	48	18	46	57	50	28
Fuego	13	55	63	22	36	37	30	49
Lago	10	54	60	41	19	61	38	58

¿CÓMO PREGUNTAR AL I CHING?

1. LA PREGUNTA

A la hora de formular la pregunta, es buena idea que la apuntes en un papel o que la pronuncies en voz alta, como ya hemos dicho, para que no cambie a lo largo de las tiradas. Ten presente que el libro no se limitará a responder «Sí» o «No», sino que te ofrecerá una amplia respuesta que tú podrás interpretar según lo que quieras saber. De hecho, muchos expertos opinan que la lectura del I Ching debe tener la forma de una conversación, ya que si una pregunta no queda aclarada, se puede reformular de otra manera, concretando más o preguntando por otras cuestiones del asunto, hasta que no haya dudas.

Por eso, lo recomendable es no hacer preguntas demasiado vagas del tipo:

→ ¿Encontraré el amor?

→ ¿Seré rico?

→ ¿Soy guapa?

Ni tampoco juntando dos cuestiones en una misma pregunta:

→ ¿Cuál es mi situación en la empresa y cómo puedo mejorarla?

Es mejor tratar de ser lo más concretos posible en nuestra consulta e incluir, a poder ser, los pronombres interrogativos: **¿Qué...? ¿Cuál...? ¿Cuánto...? ¿Cuáles...?**

→ ¿Cómo puedo mejorar mi situación en el trabajo?

→ ¿Cuál debe ser mi mayor preocupación en esta nueva etapa?

→ ¿Cuánto debo involucrarme en este nuevo proyecto?

→ ¿Cuál es la mejor manera de afrontar este problema?

→ ¿Cuál debe ser mi actitud dentro del grupo de amigos que he hecho?

→ ¿Qué puedo hacer para comprender a mi amigo, con quien me he peleado?

→ ¿Qué ocurrirá si tomo tal o cual decisión?

Otra opción muy interesante también es preguntarle al I Ching directamente **qué hexagrama deberías leer ahora para aclarar tu camino o qué consejo te ofrece para una situación concreta que te agobia, o directamente para tu vida en estos momentos.**

Al hacer esta pregunta durante todas las tiradas, el resultado nos servirá para comprender de forma general el momento vital en el que nos encontramos y así tomar decisiones.

"UNA PREGUNTA ERRÓNEA TENDRÁ UNA RESPUESTA ERRÓNEA, PERO UNA PREGUNTA CORRECTA PUEDE ABRIR LA PUERTA DE LA COMPRENSIÓN".

J. Krishnamurti

¿Cuántas veces puedo preguntar?

No hay una respuesta concreta a esta pregunta. A veces, por la situación en la que nos encontramos, queremos preguntarle al I Ching dos veces al día; otras, una vez a la semana. Hay quienes lo leen todas las mañanas, antes de comenzar el día, como brújula para la jornada, y quienes lo hacen solo cuando les agobia algo. Depende de cada uno.

2. USO DE LAS MONEDAS

Se puede utilizar cualquier tipo de moneda, mientras las tres sean idénticas y tengan dos caras distintas. Aunque se recomienda, por cuestiones de energía, que guardes esas tres monedas que empieces a usar y solo las saques para preguntar al I Ching.

Para explicar cómo utilizarlas, vamos a imaginar que lo que lanzamos son unas antiguas monedas chinas con cara y cruz. En tu caso, si con las que usas no queda claro qué lado de las monedas corresponde a la cara y cuál a la cruz, desígnaselo tú, y que se quede así para siempre.

A la **cara** de la moneda se le atribuye el valor de 3 y se le considera el Yang. Se dibuja con una línea simple (—).

A la **cruz**, se le atribuye el **valor de 2** y se le considera el Yin. Se dibuja con una línea dividida en dos (- -).

Una vez tenemos esto claro, se realizan los siguientes pasos:

→Despeja la mente de todo excepto de la pregunta que quieres realizar. Si es necesario, apúntala para tenerla aún más clara. Concéntrate en ella.

→Lanza las tres monedas a la vez y, según la posición en la que hayan caído, anota el número que salga, otorgándole a las caras el valor 3 y a las cruces el valor 2.

Cara	3
Cruz	2

Estas son las opciones que pueden salirte y la línea que debes dibujar en cada caso:

Cruz + Cruz + Cruz	2 + 2 + 2 = 6	■ ■
Cruz + Cara + Cruz	2 + 3 + 2 = 7	▬
Cara + Cara + Cruz	3 + 3 + 2 = 8	■ ■
Cara + Cara + Cara	3 + 3 + 3 = 9	▬

→Lanza las tres monedas hasta seis veces, siempre con la pregunta en mente y sin perder la concentración.

→Anota en un papel cada resultado (el número y también las rayas) que te haya salido de abajo arriba. Por ejemplo:

6º lanzamiento	Cruz + Cruz + Cruz	2 + 3 + 3 = 8	▬ ▬	Trigrama superior
5º lanzamiento	Cruz + Cruz + Cara	2 + 2 + 3 = 7	▬▬	
4º lanzamiento	Cara + Cara + Cara	3 + 3 + 3 = 9	▬▬	
3er lanzamiento	Cara + Cara + Cruz	3 + 3 + 2 = 8	▬ ▬	Trigrama inferior
2º lanzamiento	Cruz + Cruz + Cara	2 + 2 + 3 = 7	▬▬	
1º lanzamiento	Cruz + Cara + Cara	2 + 3 + 3 = 8	▬ ▬	

→De este modo, hemos creado el hexagrama principal que debemos consultar en el libro, formado por el trigrama superior y el trigrama inferior.

Siguiendo con el ejemplo de arriba, nuestros trigramas serán:

8 ▬ ▬		▬ ▬	
7 ▬▬	Trigrama superior	▬▬	LAGO
9 ▬▬		▬▬	
8 ▬ ▬		▬ ▬	
7 ▬▬	Trigrama inferior	▬▬	AGUA
8 ▬ ▬		▬ ▬	

→Ahora solo tienes que encontrar el hexagrama que se ha formado, uniendo la fila y la columna, y viendo el número en que se cortan (en nuestro caso, será el 47).

SUPERIOR / INFERIOR	Cielo	Trueno	Agua	Montaña	Tierra	Viento	Fuego	Lago
Cielo	1	34	5	26	11	9	14	43
Trueno	25	51	3	27	24	42	21	17
Agua	6	40	29	4	7	59	64	47
Montaña	33	62	39	52	15	53	56	31
Tierra	12	16	8	23	2	20	35	45
Viento	44	32	48	18	46	57	50	28
Fuego	13	55	63	22	36	37	30	49
Lago	10	54	60	41	19	61	38	58

→Por último, solo queda reflexionar y meditar la respuesta obtenida. Lee el texto correspondiente a ese número. En este caso, la extenuación.

→A continuación, si en alguna de las líneas nos ha salido un 6 o un 9, también se debe leer el texto correspondiente a esa línea. Si seguimos con nuestro ejemplo, la cuarta línea, que es un 9, es la que debemos leer para conocer un detalle más concreto, advertencia o consejo sobre la cuestión que hemos planteado.

El hexagrama complementario

El hexagrama complementario es aquel que nos sirve para complementar la respuesta que nos ha ofrecido el I Ching con el principal. Se trata de una visión más global de la pregunta que hemos realizado, y nos permite entender mejor la respuesta. También puede servirnos para prestar más atención a un punto concreto de la situación.

→ El hexagrama surge cuando alguna de las líneas que hemos dibujado en el principal está a punto de cambiar. Estas son aquellas en las que nos haya salido un 6 o un 9.

→ Para obtener el hexagrama complementario lo que debemos hacer es cambiar aquellos resultados que hayan dado 6 por un 9, y los que hayan dado 9 por un 6. El resto de líneas del hexagrama se quedarán igual.

En el caso de nuestro ejemplo, el único trazo que cambiará será el del 4º lanzamiento, porque es el único 9 (o 6) que nos ha salido y, por tanto, el resultado es el siguiente:

Hexagrama principal	Hexagrama complementario		
8 ▬ ▬	8 ▬ ▬	▬ ▬	
7 ▬▬▬	7 ▬▬▬	▬▬▬	AGUA
9 ▬▬▬	6 ▬ ▬	▬ ▬	
8 ▬ ▬	8 ▬ ▬	▬ ▬	
7 ▬▬▬	7 ▬▬▬	▬▬▬	AGUA
8 ▬ ▬	8 ▬ ▬	▬ ▬	

Si vamos de nuevo a la tabla, el hexagrama complementario que nos sale es el número 29:

SUPERIOR / INFERIOR	Cielo	Trueno	Agua	Montaña	Tierra	Viento	Fuego	Lago
Cielo	1	34	5	26	11	9	14	43
Trueno	25	51	3	27	24	42	21	17
Agua	6	40	29	4	7	59	64	47
Montaña	33	62	39	52	15	53	56	31
Tierra	12	16	8	23	2	20	35	45
Viento	44	32	48	18	46	57	50	28
Fuego	13	55	63	22	36	37	30	49
Lago	10	54	60	41	19	61	38	58

HEXA-GRAMAS

ÍNDICE DE HEXAGRAMAS

1
LO CREATIVO

Ch'ien - **El cielo**

Como su propio nombre indica, es el momento idóneo para que construyas, conquistes, tengas ideas y creas en ellas. Si te ha salido este signo, el cielo lo dominará todo y la perseverancia será lo que te lleve a lograr tus objetivos, sean del carácter que sean.

El tiempo no es un obstáculo; al contrario: debes tomártelo como un aliado. Será a través del tiempo y de tu empeño como lograrás lo que te has propuesto si no desfalleces ni te rindes. Cada paso que des te preparará para el siguiente; no trates de adelantarte ni tampoco te estanques. Es este orden lo que te traerá la paz y la seguridad en tu empresa.

La energía creativa está de tu parte, y es fuerte y luminosa. Ponte en marcha con tus objetivos cuanto antes. En el ámbito sentimental, enamórate y lucha por ello. Es el momento para que el sabio, el líder, quien dirige a otros, obtenga de quienes están a su cargo su máxima esencia, haciendo que desarrollen todo su potencial creativo.

Durante tu desarrollo, busca lo mejor para ti y para quienes te rodean. Tienes ideas, es el momento de hacerlas realidad. La creatividad es tu aliada, ya que solo a través de ella podrás dar forma a ideas extraordinarias. Confía en ti, estás de camino al éxito.

EL HEXAGRAMA POR LÍNEAS

Recuerda que las líneas se cuentan desde abajo hacia arriba. Es decir, que la primera hace referencia a la que está más abajo en el hexagrama.

Un 9 en la primera

Sé paciente, aún no ha llegado tu momento. Debes aguardar sin dejar que los logros y los fracasos de otros te afecten y te hagan dudar de ti mismo. No gastes tu energía antes de tiempo. Lo sabrás cuando haya llegado tu hora, pero, por el momento, no actúes. Mientras tanto, mantente fiel a ti mismo.

Un 9 en la segunda

Acabas de llegar al lugar en el que debes estar, o has iniciado el proyecto, pero aún no ocupas una posición dominante y te encuentras rodeado de quienes son como tú. Ten paciencia. Al mismo tiempo, vas a empezar a destacar de forma natural sobre los demás. Tu destino es marcar la diferencia hacia ese destino.

Un 9 en la tercera

Tu trabajo, tu forma de ser, tu manera de actuar, empieza a conocerse entre los otros. Sin embargo, aún te queda mucho camino por delante y, por tanto, los proyectos y también las preocupaciones aumentan. Pero, ojo, existe un peligro: tu fama, el hecho de que todos conozcan tu camino, que todos hablen de ti, puede pervertir tu valía. No te dejes arrastrar por ello. Sé humilde, y no pierdas la esencia que te hace ser tú mismo. Si no, te desviarás del camino y te perderás. Utiliza la autocrítica como una aliada, no como un impedimento para crecer.

Un 9 en la cuarta

En este punto, debes tomar tus propias decisiones: puedes hacer un cambio radical que afecte a cuantos te rodean y trabajar en grupo, o puedes mirar en tu interior y tratar de cultivar tu idea en solitario. En ambos casos, elige con libertad y mira en tu interior para decidir desde la bondad y la ética.

Un 9 en la quinta

Tu influencia crece hasta límites insospechados, y muchos se sienten agradecidos y felices por ello. Eso es algo extraordinario. Lo que hagas marcará precedente para los demás. Los que piensen como tú te escucharán y te tomarán de referente.

Un 9 en la sexta

¡Cuidado con el ascenso desmesurado! No olvides a quienes están debajo y te acompañaron en el camino. La arrogancia viene de la mano de la soledad. Y esa soledad solo induce al fracaso. Con la ambición excesiva, llega la caída, y desde las alturas, esta puede ser muy dura.

Atención: Si todas las líneas han sido 9...

Por las leyes del cambio, el signo se transforma en *K'un*, que es lo receptivo. Así, se dan la mano el poder creativo y la delicadeza de la receptividad. Elige la delicadeza a la hora de actuar, pero permanece firme a la hora de proceder. Si lo haces así, la suerte estará de tu parte.

2
LO RECEPTIVO

K'un - **la tierra**

Si te ha salido este signo debes saber que estás en consonancia con la creatividad, con el cielo, mientras pisas la tierra. Pero lo receptivo y lo creativo no son antagónicos, sino complementarios, siempre y cuando el primero no trate de estar al nivel del segundo, porque entonces se atraerán desgracias para ambas partes.

El signo de lo receptivo hace referencia a que uno siempre debe dejarse llevar por la situación. Esto significa que no debes tomar las riendas ni tampoco las decisiones, sino adecuarte a lo que venga, a lo que dicten los otros, amparados por lo creativo. Estás aquí para hacerte cargo de las funciones complementarias. No dirijas, déjate dirigir. Acepta lo que te ha deparado el destino y sigue ese camino sin oponerte a él. Así encontrarás la suerte en el camino. En definitiva, debes entregarte a las circunstancias o a quien dirige.

Pero para ello no estás solo, debes rodearte de la gente adecuada: amigos, compañeros. Ellos serán los que te ayuden a llevar a cabo la empresa, la idea tenida por lo creativo o alcanzar el destino que se te ha marcado. Sin ellos, no avanzarás ni crecerás. Y aunque ellos te acompañarán en este viaje, debes saber que también tendrás que estar solo otro tiempo para planificar y poner en orden el trabajo. Durante ese periodo, busca la intimidad para hallar respuestas.

Eres el apoyo de muchos. Soportas la carga y debes hacerlo con entrega.

EL HEXAGRAMA POR LÍNEAS

Recuerda que las líneas se cuentan desde abajo hacia arriba. Es decir, que la primera hace referencia a la que está más abajo en el hexagrama.

Un 6 en la primera

Atención, debes tomar precauciones porque se acerca el frío, la oscuridad y el invierno, donde nada crece. Es imposible detenerlo; por lo tanto, es mejor que te prepares para que cuando llegue la oscuridad estés provisto y preparado para afrontarla.

Un 6 en la segunda

Debes estar a merced de lo creativo: de la idea, del proyecto, del destino. Tienes que dejarte llevar, no hagas esfuerzos en este campo, todo llegará si actúas así. Debes aceptar lo que venga, no trates de buscarle explicación ni te revuelvas contra lo que va a suceder.

Un 6 en la tercera

Evita mostrar tu trabajo, así como vanagloriarte de lo que has logrado. Aún no es el momento, y si te adelantas, puede ser fatal. Llegará un punto en el que puedas compartir con los otros lo que has conseguido. Has de disponer todo para que lo creativo se haga realidad sin buscar galardones.

Un 6 en la cuarta

Si muestras todo lo que has hecho, lo que sabes, lo que has conseguido, puedes levantar resquemores y hostilidades de contrarios con mucho más poder que tú sobre la materia. A veces, incluso, no tendrás que buscar ese enfrentamiento a propósito, bastará con que enseñes lo que sabes sin darte cuenta. Por lo tanto, tienes dos opciones, o mimetizarte con la masa y desaparecer, o aislarte y que nadie te vea.

Un 6 en la quinta

Resérvate, busca la discreción. Quienes te conocen ya saben de tu valía, no debes estar mostrándosela a otros. Tu papel es fundamental en el engranaje, pero no es independiente. Tu autenticidad nace del interior.

Un 6 en la sexta

No trates de robar el poder, no busques esa clase de enfrentamientos ni conflictos con quienes tienen más fuerza que tú, ya consideres que lo merecen o no. Ese tipo de afrentas perjudicarán a ambas partes. Tu papel en este momento es el de servir, no el de dominar.

Atención: Si todas las líneas han sido 6...

El signo de *K'un* se transforma en *Ch'ien*. Lo receptivo pasa a lo creativo. No se retrocederá de ninguna manera, pero tampoco se avanzará. La fuerza de lo creativo hará que todo se mantenga como está.

3
INICIOS COMPLICADOS

Chun

Los comienzos nunca son sencillos. Te encontrarás con dificultades, pero no debes rendirte ante ellas. Aunque el caos te invada al principio, mantente firme y encontrarás una salida al peligro hasta que el camino vuelva a aclararse. Toda la energía, todas las fuerzas estallan en una poderosa tormenta que, una vez descargada, se desvanecerá para que regrese la paz.

Al ser la primera vez, el inicio, debes esperar complicaciones y peligros, pero como todo está en pleno cambio y en constante movimiento, lograrás tus objetivos, alcanzarás el éxito, siempre que no te rindas y que te mantengas fiel a tu camino. Simplemente, debes ser paciente y buscar ayuda para restablecer el orden.

La soledad no es buena compañera, al contrario. Une fuerzas, pero no lo dejes todo en manos de otros: tú también debes hacer un esfuerzo, intervenir y pelear para que la empresa salga adelante.

EL HEXAGRAMA POR LÍNEAS

Recuerda que las líneas se cuentan desde abajo hacia arriba. Es decir, que la primera hace referencia a la que está más abajo en el hexagrama.

Un 9 en la primera

Si al proponerte un nuevo reto, encuentras dificultades, acéptalas y no fuerces. Detente. Pero hazlo sin perder de vista tu objetivo final y lo que quieres lograr, porque ese será el único modo de que al final lo alcances. Reúne ayuda y medios para esquivar esas trabas, pero no lo hagas nunca desde la soberbia, sino desde la humildad.

Un 6 en la segunda

Estás bloqueado por culpa de las dificultades hasta que llega alguien para echarte una mano. Pero, ¡ojo!, ese alguien es un desconocido, y aunque su intención no es mala, debemos procurar salir por nuestro propio pie del atolladero sin su ayuda y así no comprometernos con él, lo que nos haría perder por el camino parte de nuestra libertad.

Un 6 en la tercera

Si las dificultades nos invaden, no trates de huir de ellas por tu cuenta. Al igual que si te perdieras en un bosque desconocido, busca la guía de un experto. Sin esa dirección experimentada, nuestros esfuerzos serán inútiles y acabarán en fracaso. Nuestro deseo puede esperar hasta contar con la ayuda oportuna.

Un 6 en la cuarta

Quieres llevar a cabo tu proyecto, actuar, pero careces de la fuerza y la energía suficientes para ello. Sin embargo, a tu alcance hay alguien que puede ayudarte y que puede sumar fuerzas a las tuyas. Si esa persona es la compañía adecuada, la suerte estará de tu parte.

Un 9 en la quinta

Aunque tienes buenas intenciones, no es momento de compartirlas con los demás porque no serán comprendidas. Ve poco a poco, paso a paso. No trates de hacer que los demás vean lo que tú ves, lo que has hecho, lo que has logrado, porque mediante la fuerza solo los espantarás. Verán lo mismo que tú cuando todos confíen en ti. Mientras tanto, aprovéchate del silencio y aguarda hasta que se aclaren las trabas.

Un 6 en la sexta

Es posible que las dificultades que se te presentan al comienzo de tu proyecto, de tu idea, de tu viaje sean tan terribles que no seas capaz de continuar. Debes hacerlo. No abandones la lucha ni te dejes vencer. No existe nada más triste que ese tipo de resignación.

TODA LA ENERGÍA, TODAS LAS FUERZAS ESTALLAN EN UNA PODEROSA TORMENTA QUE, UNA VEZ DESCARGADA, SE DESVANECERÁ PARA QUE REGRESE LA PAZ.

4
LA CANDIDEZ JUVENIL

Meng

Este signo habla del mismo modo al joven y al sabio.

La juventud y la necedad van de la mano y, a pesar de lo segundo, pueden llegar a darse frutos. Lo único que hace falta es que encuentres al maestro que guíe tu camino. Pero para ello, antes debes ser consciente de tu propia ignorancia, de tu falta de experiencia, y desde la humildad podrás valorar todo lo que el maestro tiene que enseñarte.

Por su parte, el maestro debe aguardar a que sea el joven quien se acerque a él. De este modo, su sabiduría llegará en el momento oportuno; ni demasiado pronto ni demasiado tarde. De este encuentro, el joven ha de llevarse una respuesta, una solución al problema, tan clara y concreta que se tome como una decisión.

No repitas la pregunta una vez obtenida la respuesta, ni trates de agobiar al maestro con dudas respecto a la solución obtenida. El éxito vendrá cuando aceptes, comprendas y asimiles la enseñanza del maestro y hagas tuyo ese conocimiento. No antes.

EL HEXAGRAMA POR LÍNEAS

Recuerda que las líneas se cuentan desde abajo hacia arriba. Es decir, que la primera hace referencia a la que está más abajo en el hexagrama.

Un 6 en la primera

La vida es algo serio. Pero la ignorancia juvenil puede hacer creer que todo es un juego. Para eso debe aparecer la disciplina: para educar. No obstante, debes tener cuidado con que esa educación no se convierta en amaestramiento, ya que bloquearías la energía.

Un 9 en la segunda

La responsabilidad que llevas sobre los hombros es grande, pero tienes la fuerza de voluntad suficiente para cargar con ella. El éxito llegará cuando logres guiar las limitaciones y estas no sean una carga.

Un 6 en la tercera

Si lo único que buscas es ascender, cuando te encuentres con alguien que ya está en la posición que anhelas, sufrirás al tratar de imitarlo. No debes ofrecerte de esta manera. Debes esperar a que sean los demás quienes te soliciten la ayuda.

Un 6 en la cuarta

Cuidado con las fantasías. Cuanto más te ates a ellas, más vergüenza sentirás cuando no se hagan realidad. Pero si persistes, el maestro no tendrá otra opción que dejar que el joven cometa el error y que tropiece para comprenderlo, y así salvarlo.

Un 6 en la quinta

Busca el conocimiento como lo hace un niño: sin pretensiones ni prisas ni tampoco soberbia. De ese modo, aprenderás y encontrarás la estimulación del maestro.

Un 9 en la sexta

Quien no escarmienta ni aprende, lo hace a base de castigos. Pero esos castigos no deben estar motivados por la ira, sino por la búsqueda de orden en el caos. La defensa y no el querer hacer daño es lo que debe motivar ese correctivo.

EL ÉXITO VENDRÁ
CUANDO ACEPTES,
COMPRENDAS Y ASIMILES
LA ENSEÑANZA DEL MAESTRO
Y HAGAS TUYO
ESE CONOCIMIENTO.
NO ANTES.

5
LA ESPERA

Hsü

Solo si aguardas, alcanzarás tu meta. Eso no significa que debas rendirte, sino que, ahora mismo, lo mejor es esperar y demostrar paciencia sin dejar de tener claro cuál es el objetivo. Pues lo único que puede alejarte de tu destino es dejar de creer en él. Aguarda hasta que pase la tormenta.

Si eres impaciente, te perderás y te enfrentarás de lleno al peligro sin estar preparado. No temas mirar de frente a tu objetivo. Pero hazlo siempre con realismo, no dejes que las ilusiones y la imaginación te hagan ver lo que no es. El autoengaño conduce al desastre.

Persevera. Ten claro tu destino y no te pierdas. Aguarda hasta tomar la decisión oportuna y, entonces sí, camina hacia el éxito. Igual que mirando al cielo podemos presagiar una tempestad contra la que no podemos hacer nada, en tu estado, es mejor que esperes, te cargues de energía, disfrutes de aquellos a quienes tienes cerca y de lo que te rodea, y cuando la tormenta pase, toma decisiones, actúa. El destino te estará esperando.

EL HEXAGRAMA POR LÍNEAS

Recuerda que las líneas se cuentan desde abajo hacia arriba. Es decir, que la primera hace referencia a la que está más abajo en el hexagrama.

Un 9 en la primera

El peligro aún está lejos; por lo tanto, aunque notes algo distinto en el ambiente, debes seguir con tu vida como hasta ahora. No hagas cambios, no te prepares todavía para lo peor ni malgastes energías antes de tiempo. Tan solo mentalízate de que pronto se transformarán las cosas.

Un 9 en la segunda

El peligro se aproxima, y más gente se da cuenta. El ambiente se enrarece y a lo mejor hay hasta inculpaciones en uno y otro lado. No te dejes arrastrar por esos juegos tan peligrosos. Mantén la serenidad. Quienes mientan sobre ti o traten de inquietarte sin razón deben encontrar silencio por tu parte. No respondas ni te muestres ofendido. Al final, esas voces se callarán.

Un 9 en la tercera

Te has apresurado y has quedado atrapado en el fango de la tormenta. En lugar de buscar apoyos, te han podido el ímpetu y las ganas de avanzar, y los enemigos intentarán aprovecharse de tu desventaja. Ahora más que nunca, requerirás más calma y cuidado para salir adelante y evitar ataques.

Un 6 en la cuarta

Atención, el peligro en este momento es incuestionable. Se sobreviene un derramamiento de sangre y alguien saldrá herido. Es una situación de vida o muerte y tú estás atrapado, sin escapatoria. No hagas nada: no te enfrentes a ello ni trates de huir, deja que todo suceda como está escrito. De este modo, no complicaremos aún más la situación y podremos salir del agujero.

Un 9 en la quinta

Incluso en las épocas de peligro, existen momentos de tranquilidad donde relajarte y donde las cosas van mejor. Aprovecha esas ocasiones para recuperar fuerzas ante futuras batallas. Eso sí, sin distraerte de tu objetivo. Esta advertencia también se puede aplicar a empresas en cuyo progreso están colaborando más personas. Las pausas, los descansos y los recreos son fundamentales para que la obra llegue a buen fin.

Un 6 en la sexta

El peligro ya ha llegado y de nada sirve tratar de escapar de él. Pero, aviso: en ese instante surgirá un cambio, y aunque al principio no sabremos cuáles son sus intenciones y si va a traer serenidad o más conflictos, debemos aceptarlo y darle la bienvenida con gratitud. Sin olvidar que los cambios felices a veces surgen de los momentos más oscuros. Si así lo haces, saldrás del peligro con éxito y más fuerte.

ESPERA Y DEMUESTRA PACIENCIA
SIN DEJAR DE TENER CLARO
CUÁL ES EL OBJETIVO.
PUES LO ÚNICO QUE
PUEDE ALEJARTE DE TU DESTINO
ES DEJAR DE CREER EN ÉL.

6
EL CONFLICTO

Sung

El conflicto es inevitable y, por tanto, es mejor que esperes a que se resuelva antes de intentar hacer nada. Ambas partes creéis llevar la razón, pensáis que estáis en vuestro derecho y que la resistencia que os encontráis es injusta y absurda. Mantén la calma. La serenidad será lo único que te libere airoso del conflicto. Debéis tratar de encontrar una solución a mitad de camino de ambas necesidades. Incluso si finalmente ganas tú la batalla, la victoria será amarga, pues la enemistad perdurará.

Si no es posible encontrar una solución, debéis recurrir al maestro, al sabio, a alguien que, con justicia y objetividad, pueda dar una solución honesta. Si estás en mitad de un trabajo o a punto de comenzar un proyecto, es mejor aguardar hasta que las aguas se calmen, pues necesitarás unir fuerzas con los otros para encontrar el éxito.

Analiza bien la situación antes de hacer ningún movimiento, pues el escenario es peligroso y puede haber pérdidas serias.

Sé rápido negociando, que el orgullo no te lleve a alargar el conflicto porque las consecuencias serán terribles.

EL HEXAGRAMA POR LÍNEAS

Recuerda que las líneas se cuentan desde abajo hacia arriba. Es decir, que la primera hace referencia a la que está más abajo en el hexagrama.

Un 6 en la primera

El conflicto acaba de estallar y, por tanto, todavía estás a tiempo de alejarte, de abandonarlo. Más aún, si tu adversario es más fuerte o tiene más poder que tú, no permitas que la situación se complique hasta llegar a juicio. Si actúas así, todo saldrá bien.

Un 9 en la segunda

Frente a un adversario más poderoso, no debe darte vergüenza retirarte. Al contrario: es la solución más inteligente y práctica. Si te dejas llevar por la soberbia, alargarás el conflicto y te buscarás la desgracia. Piensa, además, que tus decisiones es probable que no te afecten solo a ti, sino también a otros que tienes cerca. Por tanto, mantén la calma.

Un 6 en la tercera

Si estás subordinado a un superior, no trates de ponerte medallas y actuar en pos del elogio. Limítate a hacer correctamente tu trabajo. Aunque alguien trate de robarte algo, si esto te pertenece porque forma parte de ti —debido a tu forma de ser o a lo que has aprendido en el pasado...—, no podrán arrebatártelo.

Un 9 en la cuarta

Cuando no estás en la posición que crees merecer, es normal que trates de pelear por alcanzar una mejor. Pero el problema es que lo haces por soberbia, pues tu posición ahora es la que te corresponde. Y aunque podrías enfrentarte a otros, más débiles que tú, tu conciencia no quedaría tranquila ni encontrarías el sosiego que requieres. Por tanto, es mejor que esperes, que cambies esa actitud por otra más paciente para encontrar la armonía y la buena suerte.

Un 9 en la quinta

Ante vosotros ha aparecido un juez justo y poderoso que dará la solución a vuestro conflicto. Confía en él, porque sabe qué hacer. Usa la razón y no te dejes arrastrar por otras emociones, así lograrás el éxito.

Un 9 en la sexta

Has llevado el conflicto hasta las últimas consecuencias, y aunque tienes todas las de ganar, perderás mucho por el camino. Además, esta será solo la primera de muchas más disputas provocadas por no haber resuelto el problema con templanza en un primer momento. Cuidado, no te dejes arrastrar por la sed de sangre.

MANTÉN LA CALMA.
LA SERENIDAD SERÁ LO ÚNICO
QUE TE LIBERE AIROSO
DEL CONFLICTO.

7
EL EJÉRCITO

Shih

Aún no ha llegado el momento, pero pronto deberás enfrentarte a un conflicto o a una misión transcendental. Estate alerta, en guardia. Para ello, como el agua subterránea se encuentra bajo la tierra sin que lo advirtamos, el ejército se va creando en silencio durante las épocas de paz, para luchar y defender cuando lleguen tiempos de guerra. Debes organizarte, concentrarte y disponer tus fuerzas con una cabeza pensante que dirija todos los esfuerzos hacia el éxito.

Se debe escuchar al líder, al guía, y saber que, como en cualquier batalla, habrá bajas y daños colaterales. Así pues, si finalmente se va a la guerra, ha de hacerse con sentido común, y como último recurso para terminar con el conflicto. Para ello, tanto tú como quienes te siguen, debéis tener claro el objetivo final de ese enfrentamiento. Y durante el fragor de la batalla, no se debe perder el espíritu justo, pues es muy fácil, sobre todo si se tiene la mano ganadora, dejarse arrastrar por el placer de castigar al otro injustamente. Si así procedes, no habrá victoria.

Para que la gente te siga y te quiera, debes escucharla, debes comprenderla y mostrar tu amor. La ira y el miedo no dan los mismos resultados que el cariño y la unión. Si quienes tienes a tu alrededor saben que pueden contar contigo, tú podrás contar con ellos.

EL HEXAGRAMA POR LÍNEAS

Recuerda que las líneas se cuentan desde abajo hacia arriba. Es decir, que la primera hace referencia a la que está más abajo en el hexagrama.

Un 6 en la primera

Si decides buscar el enfrentamiento, asegúrate de que es por una causa justa en la que crees. Organiza tus recursos, a tu gente, que cada uno sepa cuál es su papel y su lugar para lograr la victoria.

Un 9 en la segunda

Cuando comience el enfrentamiento, como guía debes encontrarte entre los soldados que te van a acompañar en la guerra, tanto para lo bueno como para lo malo. De este modo honrarás la importancia y el valor de tu ejército. Si recibes alguna distinción, será por el esfuerzo de los que luchan contigo y no por motivos personales.

Un 6 en la tercera

Te aproximas a la derrota porque el guía, que va a la cabeza del ejército, no es quien debería ser. Es posible que incluso alguien le usurpe o le haya usurpado el puesto. Si eso ocurre y la gente, el grupo, la masa se hace con el poder, vendrán las desgracias.

Un 6 en la cuarta

Cuando te enfrentes a un enemigo superior, será mejor retirarte antes de que el ejército luche, pierda y se desperdigue. Es absurdo pensar que por rendirte eres débil. Al contrario. Sería un error entrar en combate.

Un 6 en la quinta

El enemigo ha aparecido y debes enfrentarte a él, pero cuidado, si lo haces sin tener en cuenta al grupo, cada uno tratando de salvar su cuello sin ninguna organización, ni estrategia, fracasaréis. Debéis luchar como lo hace un buen ejército: con obediencia y con un guía que dirige. Y cuando así sea, en la batalla, no debes ensañarte, sino luchar con justicia y respeto.

Un 6 en la sexta

La guerra ha terminado y has triunfado. A quienes hayan ayudado, a nuestros compañeros que forman este ejército, les debes pagar justamente. Cada uno, según su posición, en función de lo que haya hecho, merecerá un premio distinto. Si no lo haces así, crearás confusión entre ellos.

PARA QUE LA GENTE TE SIGA
Y TE QUIERA,
DEBES ESCUCHARLA,
DEBES COMPRENDERLA
Y MOSTRAR TU AMOR.
LA IRA Y EL MIEDO
NO DAN LOS MISMOS RESULTADOS
QUE EL CARIÑO Y LA UNIÓN.

8
LA SOLIDARIDAD

Pi

Este símbolo habla del apoyo entre las partes implicadas. Es momento de unirte a otros en torno al guía, al maestro, al jefe. ¿Eres tú ese pilar central? Autoevalúate para saberlo. Si preguntas al I Ching de nuevo si estarías preparado para ser el guía, quizá te saque de dudas. La estimulación que se produce entre todas las partes es mayor que la que se lograría en solitario. Pero llegar a ser ese pilar central no es tarea fácil y requiere de mucha responsabilidad. Asegúrate de estar preparado para ello, si quieres ser el centro y no solo una de las partes. Y hazlo con humildad y confianza. Debe ser tu vocación; de lo contrario, la unión creará más confusión que si las partes nunca llegan a juntarse. Si no te sientes capacitado para ello, tu deber es unirte a otra comunidad, a otro cónclave. Lo importante es conectar para llevar a cabo la misión.

Si existe ese pilar de unión, incluso los que se sienten inseguros se acercarán. Y los que lleguen más tarde, sentirán que no reciben el mismo trato que los que llegaron antes. Pero esto es lógico: la unión entre las partes crece con cada experiencia que se vive, cada aventura, cada anécdota…, y quienes no estén en esos momentos, no sentirán que el lazo se hace más sólido y, por lo tanto, se encontrarán probablemente fuera de lugar dentro del grupo.

EL HEXAGRAMA POR LÍNEAS

Recuerda que las líneas se cuentan desde abajo hacia arriba. Es decir, que la primera hace referencia a la que está más abajo en el hexagrama.

Un 6 en la primera

Para que se logre una buena relación, lo fundamental es que esta nazca de la sinceridad entre las partes. No son palabras vacías lo que hace que todos se unan, sino un auténtico destino en común y las ganas de ayudar para alcanzar un fin mayor.

Un 6 en la segunda

Si desde arriba te llega la invitación para unirte a una misión, a un grupo, y en tu interior consideras que es lo que debes hacer y donde debes estar, adelante. Pero no lo hagas solo por trepar, apenas movido por intereses personales, porque malgastarás tu energía y talento.

Un 6 en la tercera

No estás donde deberías, ni te rodea la gente que debería. Con ellos no tienes nada en común, y lo sabes. Pero sigues ahí solo por costumbre, por rutina. Lo mejor es que sepas distinguir entre los auténticos compañeros, y los que, como estos, están ahí para pasar un rato y poco más. De ese modo estarás preparado para conocer a los que sí te entienden y tienen cosas en común contigo cuando lleguen.

Un 6 en la cuarta

Una vez encuentres a quien se considera el centro del grupo, el pilar central, no temas demostrarle tu lealtad y tu solidaridad, tanto a él como a los que están fuera del grupo para dejar clara tu posición.

Un 9 en la quinta

Ha aparecido el líder. Pero ese líder no suplica ni ruega porque los demás lo siguen: es su carácter, su manera de ser, son sus palabras, lo que invita a los demás a unirse. Estos acuden solos motivados por el afecto hacia esa persona. Si no es así, si tienen dudas, si esperan algo a cambio, es mejor dejarlos ir y que no formen parte del grupo.

Un 6 en la sexta

Se ha llegado tarde. Adherirse ahora al grupo no tiene sentido. No se ha comenzado cuando se debía, y sin un principio oportuno, el fin tampoco lo es. Mejor dejarlo ir y no malgastar energía.

ESTE SÍMBOLO
HABLA DEL APOYO
ENTRE LAS PARTES IMPLICADAS.
ES MOMENTO DE UNIRTE A OTROS
EN TORNO AL GUÍA,
AL MAESTRO, AL JEFE.

9
LA FUERZA
DE LO PEQUEÑO

Hsiao Ch'u

Lo fuerte se ve controlado por lo débil. Pero ese control, para que tenga éxito, debe lograrse a través de la suavidad, de la delicadeza. Concéntrate en pequeñas acciones. No es momento de grandes decisiones ni manifestaciones. Estas acciones refrenarán y calmarán la situación, hasta que logres imponer tu voluntad. En tu interior debes saber lo que quieres, lo que necesitas, lo que esperas, pero no lo muestres directamente de cara al exterior, hazlo a través de pequeñas gestiones. Hay perspectivas favorables, pero ahora es momento de preparar el terreno para ellas.

Tu herramienta principal debe ser la persuasión porque estás en una posición muy frágil. No está en tus manos tomar la decisión, pero sí sugerir si llega el momento correcto. Controla tus ansias por actuar, es tiempo de refrenar tus impulsos.

EL HEXAGRAMA POR LÍNEAS

Recuerda que las líneas se cuentan desde abajo hacia arriba. Es decir, que la primera hace referencia a la que está más abajo en el hexagrama.

Un 9 en la primera

No pretendas conseguir algo a la fuerza, controla tus impulsos. De esta forma, tendrás buena suerte. Plantéate si el objetivo que estás siguiendo es el correcto, porque si no, vas a encontrarte en un camino en el que no podrás ni retroceder ni avanzar. Mejor mantener la libertad antes de decidirte.

Un 9 en la segunda

Aunque quieres avanzar, no puedes: hay un muro que os pide a ti y a quienes estáis en la misma situación, quienes compartís idénticas circunstancias, proseguir. En tal caso, es mejor que te retires junto con los otros. De nada sirve tratar de arremeter contra el muro, porque no va a desaparecer. Si aun así insistes, corres peligro.

Un 9 en la tercera

Has decidido avanzar, en lugar de esperar. Y las consecuencias son evidentes: aunque esperabas salir airoso, todo se ha complicado y te has puesto en una situación de debilidad que pueden usar los demás para aprovecharse de ti. Te has vuelto vulnerable. La única solución que te queda es recuperar tu posición anterior y esperar.

Un 6 en la cuarta

Tu posición de guía te permite hablar con quien está a la cabeza de la misión para decidir qué camino tomar a continuación. No es un cargo fácil y puede que alguien se ofenda, que el jefe se ofenda. Pero si lo haces desde la verdad, con total sinceridad, no debes temer ningún peligro.

Un 9 en la quinta

La lealtad entre el fuerte y el débil es perfecta porque estos se complementan. El débil se entrega y en el fuerte se puede confiar completamente. Todo lo beneficioso que salga de esta unión debe compartirse, para que sea doblemente alegre.

Un 9 en la sexta

Has alcanzado el éxito a base de pequeñas acciones, de pequeños triunfos: enhorabuena. Pero, cuidado, no te dejes engañar por esta seguridad generada por el triunfo. Debes comportarte como si no estuvieras en la cima, no cambies y sigue esforzándote.

CONCÉNTRATE
EN PEQUEÑAS ACCIONES.
NO ES MOMENTO
DE GRANDES DECISIONES
NI MANIFESTACIONES.
-
CONTROLA
TUS ANSIAS POR ACTUAR,
ES TIEMPO DE REFRENAR
TUS IMPULSOS.

10
LA CONDUCTA

Lü

Que no te dé miedo hablar con otros, presentarte; ese tipo de vergüenza no te ayudará. Enfréntate a situaciones en las que tengas que tratar con otros que son más poderosos que tú o a los que admiras, todo irá bien si lo haces con sinceridad y buena educación. Plantea tus ideas y hazlo con valor, energía. Créetelo para que los demás se lo crean. Te encontrarás con gente irritable, pero tu conducta tiene que ser educada, amable. Y aunque juegues o provoques, debes hacerlo siempre bajo las leyes del buen comportamiento. La envidia no tiene cabida en esta relación. No busques que haya igualdad: quien está abajo, permanecerá abajo. Y quien esté arriba, seguirá arriba. Si tratas de cambiar eso, gastarás energía sin motivo.

Esta organización debe nacer del interior de las personas; de no ser así, podría desatarse el caos y no existiría orden en la sociedad. Que sean tus principios los que te dicten dónde debes estar y acéptalo.

EL HEXAGRAMA POR LÍNEAS

Recuerda que las líneas se cuentan desde abajo hacia arriba. Es decir, que la primera hace referencia a la que está más abajo en el hexagrama.

Un 9 en la primera

Ahora mismo no tienes de qué preocuparte: son tu corazón y tus apetencias lo que marca el camino. No necesitas conocer a nadie y nadie te conoce. Por tanto, a no ser que salga de ti, no tendrás que verte involucrado en compromisos sociales de ningún tipo y podrás dedicarte a lo que te guste. En la imagen general, tu presencia es intrascendente, pero dando los pasos oportunos avanzarás en la dirección adecuada.

Cuidado con querer avanzar demasiado deprisa. Que no sean las ganas de ser más lo que te motive a progresar, pues al final del camino, aunque encuentres la recompensa, llegará la soberbia. Confórmate con las pequeñas cosas y el ascenso será próspero.

Que sean las ganas de realizarte lo que te motive a crecer. Si así lo haces, alcanzarás la meta y tus objetivos adecuadamente.

Un 9 en la segunda

Sé como el sabio que no espera nada de nadie, que se aleja de las voces que no le dejan pensar con claridad, que no busca y, aun así, encuentra. Si no te enfrentas a tu destino, encontrarás un camino llano y sin preocupaciones. Sé honesto contigo mismo.

Un 6 en la tercera

Ahora mismo, no te embarques en empresas que te superan. Debes conocer tus limitaciones y aceptarte tal y como eres. No es cuestión de que dejes de luchar por algo en lo que crees, es cuestión de que sepas hasta dónde puedes dar de ti sin romperte.

Un 9 en la cuarta

Superarás el peligro solo si sigues caminando. Adelante. No es una misión ni un camino libre de riesgos, pero tienes la fuerza necesaria para luchar por ella si no te falta el valor.

Un 9 en la quinta

Avanza con decisión, pero sin perder de vista el peligro que existe para que haya buena fortuna. La determinación será fundamental para alcanzar el éxito. No te confíes.

Un 9 en la sexta

Has llegado a la meta. El proyecto ha concluido. Ahora tu labor es valorar si lo obtenido es positivo o no. Hazlo con juicio, sinceridad, y observando las consecuencias que han surgido de todo tu esfuerzo y tu comportamiento a lo largo del camino. Si estas son positivas, entonces tendrás la suerte de tu lado.

ENFRÉNTATE A SITUACIONES
EN LAS QUE TENGAS QUE TRATAR
CON OTROS QUE SON
MÁS PODEROSOS QUE TÚ
O A LOS QUE ADMIRAS,
TODO IRÁ BIEN
SI LO HACES CON SINCERIDAD
Y BUENA EDUCACIÓN.

11
LA PAZ PRÓSPERA

T'ai

Es época de prosperidad y buenos frutos. En la naturaleza, este signo hace referencia a la primavera. Y como en ella crecen todos los árboles y flores, también lo harán así tus ideas y proyectos.

Es momento de paz, tanto entre tus iguales como entre los que están en diferentes estratos jerárquicos. Jefes y empleados. Gente con poder, gente sin poder... Todos obtendréis lo que os corresponde. Si quien está al mando es bueno, incluso la gente con intereses malignos se volverá más bondadosa.

Es momento de ser más optimista, de confiar en que todo va a salir bien. Lo que necesites te llegará si estás en el lugar y en el instante oportunos. Ya sembraste en su momento, es hora de recoger. Como la primavera, este es un buen momento para reunirte con otros, presentar tus ideas y proyectos y que los comprendan y apoyen. Aprovecha este momento para estar con los demás.

EL HEXAGRAMA POR LÍNEAS

Recuerda que las líneas se cuentan desde abajo hacia arriba. Es decir, que la primera hace referencia a la que está más abajo en el hexagrama.

Un 9 en la primera

Es época de florecimiento, y si tienes el talento necesario, podrás realizarte. Además, te llevarás contigo a aquellos que sean como tú, que tengan aptitudes similares a las tuyas. Juntos, y dado el momento que es, podréis construir o llevar a cabo un proyecto a gran escala.

Un 9 en la segunda

Aunque los demás cometan errores, debes aceptarlos y tratar de sacarles el mejor partido. Todos tenéis algo que aportar, algo con lo que colaborar, que mejorará el fin último. Pero, cuidado, que las alianzas no se conviertan en partidismos: cada uno debe cumplir su propio deber aunque se tenga mucho en común. Fíjate en los pequeños detalles para mejorar el resultado final.

Un 9 en la tercera

Todo cambia: la suerte se acaba y las épocas de florecimiento dan paso a otras más áridas. Acéptalo, es ley de vida. Por tanto, de nada sirve lamentarlo ni sentir nostalgia de lo bueno. Saberlo debe servirte para motivarte a luchar con más energías. Aunque el destino se oscurezca ahora, no debes perder la esperanza en ti mismo porque, al final, la buena suerte es una forma de aceptar la vida.

Un 6 en la cuarta

Es buen momento para compartir con quienes están por encima y por debajo de ti. Confía en los otros. Esta convergencia surgirá de forma espontánea, no la busques a propósito.

Un 6 en la quinta

Esta línea nos habla de la unión entre los que están arriba en el poder y los que están abajo, y de que esta alianza estará cargada de fortuna y bendiciones.

Un 6 en la sexta

No trates de detener por la fuerza el desastre que ya se ha producido, porque solo encontrarás penurias. El destino es el que es, y no puedes hacer nada por ello excepto protegerte y resguardarte en tu círculo más cerrado.

EN LA NATURALEZA,
ESTE SIGNO HACE REFERENCIA
A LA PRIMAVERA.
Y COMO EN ELLA CRECEN
TODOS LOS ÁRBOLES Y FLORES,
TAMBIÉN LO HARÁN ASÍ
TUS IDEAS Y PROYECTOS.

12
LA DECADENCIA

P'i

La creatividad parece haberse agotado y comienza la decadencia, la desunión. Debes estar preparado igual que la naturaleza lo está cuando llega el otoño para marchitarse en invierno. Es época de confusión y el orden da paso al caos. Es mal momento para tomar decisiones importantes, mejor esperar. Reina la confusión y la desconfianza entre los que te rodean, tengan más o menos poder que tú, y esto provoca que os separéis.

Es probable que te lleguen ofertas interesantes, pero como la base no es sincera, no debes aceptarlas porque buscan algo de ti a cambio. Te rodea gente con motivaciones poco claras, con doble rasero o intereses ocultos. Mantente fiel a tus principios y pasa desapercibido, ocúltate.

En general, te encontrarás en un ambiente cargado de negatividad y sufrimiento que tendrás que superar. Pero de ese viaje saldrás fortalecido y te convertirás en alguien mejor, más preparado.

EL HEXAGRAMA POR LÍNEAS

Recuerda que las líneas se cuentan desde abajo hacia arriba. Es decir, que la primera hace referencia a la que está más abajo en el hexagrama.

Un 6 en la primera

Es momento de retirarse porque ya no existen opciones de acción. Cualquier otra decisión traerá consigo humillaciones. Proteger tu integridad intacta al alejarte será el mayor éxito que logres, dadas las circunstancias.

Un 6 en la segunda

No adules a quienes tienen más poder, ni te dejes halagar por quienes esconden sus verdaderas intenciones. Este tipo de gente aceptará cualquier cosa con tal de que les marquen el camino y les saquen de la confusión. Soporta con paciencia el hecho de estar parado y, al final, saldrás beneficiado.

Un 6 en la tercera

Quienes no están a la altura de las circunstancias, pero han logrado posiciones de poder sin merecerlo, comienzan a darse cuenta de los problemas que eso conlleva. Al principio, lo harán en silencio, sin que otros lo adviertan, pero poco a poco lo irán externalizando. Es la manera de empezar a cambiar hacia mejor.

Un 9 en la cuarta

Si estás destinado a provocar el cambio y que este estancamiento llegue a su fin, lo sentirás. No trates de imponértelo si no te sale de dentro, porque fracasarías y ese error traería graves consecuencias. Si lo estás, las condiciones te beneficiarán, igual que a los que piensen como tú.

Un 9 en la quinta

El tiempo de estar detenido ha pasado porque ha llegado la persona oportuna para ponerlo de nuevo todo en marcha. Ahora bien, no debes confiarte puesto que sigue siendo un momento muy delicado y frágil, y todo puede venirse abajo con mucha facilidad. Incluso cuando está todo en orden, puede regresar el caos. Estando alerta conservarás la seguridad.

Un 9 en la sexta

Ahora que el estancamiento, gracias a la persona adecuada, ha llegado a su fin, debes buscar la paz y el florecimiento y esto solo llega a través de la creatividad. No será fácil, pero el esfuerzo se verá recompensado con el orden duradero.

ES ÉPOCA DE CONFUSIÓN
Y EL ORDEN DA PASO AL CAOS.
ES MAL MOMENTO PARA
TOMAR DECISIONES IMPORTANTES,
MEJOR ESPERAR.

13
EL COMPAÑERISMO

T'ung Jen

Es momento de unirse, de buscar compañeros de viaje con los que tengamos ideales en común, de luchar por un fin mayor que uno mismo. Si cada uno vela solo por sus necesidades, llegará el caos. Alguien debe dirigir a la gente hacia ese destino común, y todos deben seguirle con libertad. Nadie debe sentir que se le ha impuesto por obligación un trabajo. Ese jefe debe saber dirigir, liderar, animar a los que le siguen y entusiasmarles. Debe existir una estructura concreta en este trabajo común, no vale solo con juntar personas al azar: cada una debe desempeñar una labor necesaria que surge de su talento innato para evitar el caos. La generosidad es la clave.

Confía y trabaja con los demás para alcanzar el éxito. Es un buen momento para fusionarse y trabajar en equipo. Antes de comenzar, debes asegurarte de los objetivos que deseas alcanzar y del camino que tendrás que seguir, pero siempre con la libertad que aporta la creatividad. Debes estar dispuesto a dar tanto como a recibir para trabajar juntos en busca del bien común.

EL HEXAGRAMA POR LÍNEAS

Recuerda que las líneas se cuentan desde abajo hacia arriba. Es decir, que la primera hace referencia a la que está más abajo en el hexagrama.

Un 9 en la primera

Si vas a comenzar un proyecto con más gente, todos, al principio, debéis encontraros en la misma situación y sin fines ocultos. Las razones que os han llevado a todos allí deben ser conocidas por los demás. Los planes secretos e intereses personales deben dejarse de lado, o la meta nunca se alcanzará.

Un 6 en la segunda

Ha aparecido un grupo (o una persona) que trata de acabar con el compañerismo. Se rige por intereses personales y no por el bien común. Su actitud es egoísta y busca condenar, excluir y desprestigiar a unos para formar grupo con los restantes. Este tipo de acciones solo llevan a la humillación.

Un 9 en la tercera

La comunidad se desmorona por culpa de la desconfianza. Ambos bandos (o personas) implicados recelan del otro, y tratan de espiar y descubrir las intenciones contrarias utilizando tretas y artimañas. Es muy fácil dejarse embaucar por este comportamiento, pero al final eso no trae nada bueno: cuanto más tiempo dure esto, más complicado será volver a unir al grupo y así hacer frente a los auténticos obstáculos, mucho más grandes y peligrosos.

Un 9 en la cuarta

Poco a poco, ambos bandos (o personas) implicados en la situación van reconciliándose tras una emergencia que coloca las rencillas en perspectiva. Desde ese momento, se dan cuenta de que los peligros, sin el apoyo de los demás, no pueden superarse. Por supuesto, aún quedan heridas abiertas y disputas inacabadas, pero también la comprensión de que solo juntos se logrará vencer.

Un 9 en la quinta

Los dos bandos (o personas) aparentemente enfrentadas entre sí tienen en común lo más importante: sus corazones. Pero la vida los mantiene separados por obstáculos que son difíciles de superar. Pese a ello, no dejan que estos impedimentos los mantengan alejados y luchan para vencerlos y reunirse de nuevo.

Un 9 en la sexta

Aunque la comunidad parece unida de nuevo, no lo están los corazones de quienes la forman. Aun así, no debe perderse la esperanza de que esto suceda en el futuro. Y si te unes al grupo sin intereses particulares, es posible que al final haya ventura.

CONFÍA Y
TRABAJA CON LOS DEMÁS
PARA ALCANZAR EL ÉXITO.
ES UN BUEN MOMENTO
PARA FUSIONARSE
Y TRABAJAR EN EQUIPO.

14
LA POSESIÓN

Ta Yu

Es tu momento de brillar y de acumular. Es época de buena suerte, de recibir y de lograr los objetivos que te propongas. Todo lo que obtengas, que será mucho, debes administrarlo adecuadamente y usarlo para el bien. Si se habla de dinero, obtendrás mucho. Y si se habla de posibilidades, se te abrirá un amplio abanico de ellas. Pero, ojo, todo trae sus consecuencias y, del mismo modo que el sol nos muestra lo bueno, también nos enseña lo malo. La riqueza material te llegará por tu riqueza espiritual, no lo olvides.

Este beneficio, este poder que obtienes, te llega porque lo mereces, porque el destino te lo tenía reservado. Todas estas ganancias serán motivo de alegría, pero recuerda que no siempre será así y que debes administrarlas con sabiduría para las épocas más flojas.

EL HEXAGRAMA POR LÍNEAS

Recuerda que las líneas se cuentan desde abajo hacia arriba. Es decir, que la primera hace referencia a la que está más abajo en el hexagrama.

Un 9 en la primera

La riqueza, lo acumulado, sigue intacto: nadie lo ha hecho disminuir, pero se acercan complicaciones y debes estar alerta. No te dejes arrastrar por la arrogancia ni posibles fraudes.

Un 9 en la segunda

El valor de esta riqueza reside no solo en la cantidad de la misma, sino también en cómo pensamos utilizarla y en qué vamos a invertir. Rodéate de gente de confianza, de compañeros, para repartir responsabilidades y llevar a cabo grandes empresas con las que tú solo no podrías.

Un 9 en la tercera

Debes saber que las riquezas que posees no te pertenecen solo a ti. El valor de las mismas crece al ponerlas a disposición de los demás, al compartirlas. Solo los mezquinos pueden pensar que estas riquezas no desaparecen al acumularlas exclusivamente para el uso personal.

Un 9 en la cuarta

No te dejes vencer por la envidia. No gastes energía en compararte con el de al lado ni ver si este tiene más que tú. Busca tu propio camino, tus propias metas, sin que te importe lo que logran o no los demás.

Un 6 en la quinta

Es una época favorable en la que tu simpatía y franqueza te granjearán muchas amistades que merece la pena conservar. Pero, cuidado, no te dejes arrastrar por la mansedumbre ni tampoco por la vanidad de quienes tienen mucho. Controla esto y todo irá bien.

Un 9 en la sexta

Conserva la modestia, sigue escuchando a quienes saben más que tú, incluso ahora que tienes tanta riqueza y poder. Esta actitud será la que te traiga buena suerte.

ES ÉPOCA
DE BUENA SUERTE,
DE RECIBIR Y DE LOGRAR
LOS OBJETIVOS
QUE TE PROPONGAS.

ESTE BENEFICIO,
ESTE PODER QUE OBTIENES,
TE LLEGA PORQUE LO MERECES,
PORQUE EL DESTINO
TE LO TENÍA RESERVADO.

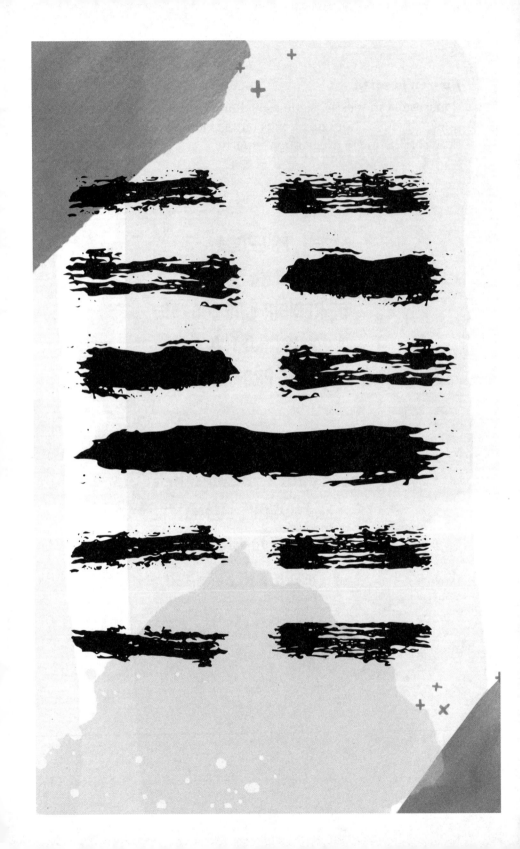

15
LA MODESTIA

Ch'ien

Tanto si te encuentras en un momento de poder como si estás pasando por una época complicada, débil, debes cultivar la modestia para alcanzar la sabiduría. No te vanaglories de tus éxitos, agradece y ten en cuenta a quienes te han ayudado a alcanzar tus metas. Es una actitud mental que hay que cultivar.

Esfuérzate constantemente y, aunque este tarde en llegar, alcanzarás el éxito. Sé consciente de que eres igual que el resto, en el sentido de que ni tú vales más que nadie ni nadie vale más que tú. Si has de ser el primero y el más brillante de todos, lo serás, pero no porque esa sea tu meta. Para ello, equilibra las fuerzas e iguálate con quienes tienes cerca.

EL HEXAGRAMA POR LÍNEAS

Recuerda que las líneas se cuentan desde abajo hacia arriba. Es decir, que la primera hace referencia a la que está más abajo en el hexagrama.

Un 6 en la primera

Si te encuentras con peligros o complicaciones en el camino, afróntalos con sencillez y modestia. Cuantas más vueltas le des, más exigencias te impongas y más pretensiones tengas, más resistencia encontrarás. «Donde no se manifiestan pretensiones, no surgen tampoco resistencias».

Un 6 en la segunda

Si la modestia que te embarga por dentro es sincera, se reflejará en tus palabras, en tu forma de ser, en tu manera de comportarte con los demás, y eso te traerá suerte frente a cualquier situación.

Un 9 en la tercera

Te empiezan a conocer por tus logros, por todos los trabajos que has hecho, por lo que has conseguido. Pero no te dejes seducir por esta fama, puesto que de ese modo aparecerían pronto las críticas y surgirían complicaciones. La modestia será la clave para que todos te quieran y se unan a ti para seguir logrando grandes cosas juntos.

Un 6 en la cuarta

La modestia también debe controlarse. Ni debes sentir que tus méritos se han ocultado ni abusar de quienes puedas tener a tu cargo. Por el contrario, debes cumplir tu misión con interés, con ganas, y disfrutar de lo que te llegue sin ostentar cargos que no te corresponden ni tampoco aceptar retribuciones por un trabajo que no hayas realizado.

Un 6 en la quinta

Una cosa es la modestia y otra muy distinta es ser tan ingenuo que todo te parezca bien. Si tienes el poder para intervenir y mejorar la situación, debes hacerlo, pero no desde la petulancia, remarcando constantemente el poder que ostentas, sino desde la humildad y la modestia. Esta decisión debe tomarse desde la objetividad y sin intención de herir a nadie.

Un 6 en la sexta

Cuando hay alguna hostilidad y complicación, lo más fácil es ofenderse, atacar y buscar la culpa en los otros. Pero no es eso lo que debes hacer. A veces, la culpa es tuya, y la modestia te ayudará a aceptarlo y rectificar. Lo que debes hacer en primer lugar es apresurarte a poner orden en tu interior y en tu círculo más cercano. Solo cuando seas capaz de enfrentarte a ti mismo, podrás luchar en batallas más grandes.

DEBES CULTIVAR LA MODESTIA PARA ALCANZAR LA SABIDURÍA.

ESFUÉRZATE CONSTANTEMENTE Y, AUNQUE TARDE EN LLEGAR, ALCANZARÁS EL ÉXITO.

16
EL ENTUSIASMO

Yü

Es época de entusiasmarse y apasionarse. El fervor te embarga y debes aprovecharlo para alcanzar tus metas. Este entusiasmo es contagioso, y la gente a la que llegues querrá acompañarte en tu camino por voluntad propia. De hecho, gracias a este mismo entusiasmo, a la hora de elegir personas que te ayuden, tus decisiones no suscitarán resentimientos o sublevaciones.

Con esta energía podrás mover masas, ejércitos, pero siempre desde la empatía con los demás. Motiva al mismo tiempo que tú te ilusionas. Y con ese fervor lograrás cualquier cosa que te propongas. Este símbolo también nos habla de la música, y del poder que esta tiene para elevar los espíritus.

Al final, todo se puede resumir en que, con una actitud positiva, vas a lograr cualquier cosa. No encontrarás resistencia y, aunque lo hicieras, podrás vencer cualquier obstáculo si no decae tu motivación.

EL HEXAGRAMA POR LÍNEAS

Recuerda que las líneas se cuentan desde abajo hacia arriba. Es decir, que la primera hace referencia a la que está más abajo en el hexagrama.

Un 6 en la primera

Tu entusiasmo debes compartirlo con los demás, no aprovecharlo de manera egoísta. Cuando te encuentras en una posición subordinada, no debes jactarte de tus relaciones con otros o de logros que has obtenido. Al final, quien presume termina atrayendo la desventura sobre sí.

Un 6 en la segunda

Cuando veas que la situación se complica, y llegan las desavenencias, retírate. No gastes tiempo ni energía en ello. Averigua los orígenes de todo. Con los que tienen más poder que tú, no seas adulador, y con los que tienen menos, no te muestres indolente.

Un 6 en la tercera

Dudar demasiado puede provocar que pierdas la oportunidad de actuar en el momento adecuado. No puedes permitir que el arrepentimiento te detenga.

Un 9 en la cuarta

Atraerás a la gente si sabes transmitir tu entusiasmo y seguridad. La confianza en ti mismo será la herramienta fundamental para conquistar sus corazones y que colaboren con ganas para que tu voluntad se cumpla.

Un 6 en la quinta

Tu entusiasmo se ve obstaculizado por algo o alguien. Hay tanta presión sobre tus hombros que no consigues relajarte. Pero, aunque parezca extraño, a veces esa presión es lo que te mantiene a flote y no deja que te disperses.

Un 6 en la sexta

Te has dejado cegar por el entusiasmo y ahora lo que debes hacer es serenarte para encontrar de nuevo el camino.

CON TU ENTUSIASMO
PODRÁS MOVER MASAS, EJÉRCITOS,
PERO SIEMPRE
DESDE LA EMPATÍA
CON LOS DEMÁS.
MOTIVA AL MISMO TIEMPO
QUE TÚ TE ILUSIONAS.

17
LA CONFORMIDAD

Sui

Según tu situación, debes seguir o permitir que te sigan. Pero no puedes pretender que lo hagan por miedo, utilizando la violencia, el engaño o la amenaza. Al contrario. Si lo hacen de este modo, acabarán rebelándose y lucharán en tu contra. Deben querer seguir tus pasos de forma voluntaria. Si deseas usar algo, que esto no sea la gente, sino los recursos a tu alrededor, o las ideas.

Otro factor que debes tener en cuenta es la perseverancia. Comprende que no eres más que los demás y que tratar de dominar el mundo no es posible. Debes aprender a adaptarte a las circunstancias, a los tiempos y a las personas que llegan. Aprovecha todos los recursos que tienes a tu alcance. Tanto si sigues como si te siguen. No malgastes energías en resistencias inútiles. De hecho, aprende a descansar y a relajarte, tanto física como mentalmente, para recargar energías. Acepta lo que venga y luego sigue.

EL HEXAGRAMA POR LÍNEAS

Recuerda que las líneas se cuentan desde abajo hacia arriba. Es decir, que la primera hace referencia a la que está más abajo en el hexagrama.

Un 9 en la primera

Los papeles entre quien dirige y quien es dirigido cambian. Al ser este el símbolo de la adaptación, del séquito, debes aprender que, para conducir a otros, se debe escuchar a quienes están por debajo, a los subordinados, a los dirigidos. Pero, ojo, debes tener visión y oído crítico para desestimar las ideas que, al final, solo beneficiarán al momento presente y no al futuro. Para eso tendrás que analizar todo según tus principios. No tengas miedo de salir de tu zona de confort. Conoce a gente de toda índole para aprender de ellos y así llevar a cabo cualquier empresa.

Un 6 en la segunda

En el tema de las relaciones, debes cuidar qué amistades y qué vínculos creas: no puedes rodearte de buena y de mala compañía al mismo tiempo. Si pierdes el tiempo y la energía con gente que no merece la pena, te alejarás de la que es rica espiritualmente y que te ayudará a ser mejor cada día y a superarte. Tendrás que elegir.

Un 6 en la tercera

Cuando encuentres personas valiosas, que te llenen y te hagan crecer, notarás cómo pierdes otras cosas superfluas a las que te habías acostumbrado por tu estilo de vida. Pero no debes preocuparte; al contrario, es algo positivo. Pronto sentirás la satisfacción en tu interior por encontrarte en el camino para ser mejor. Mantente firme y nunca olvides lo que quieres lograr y lo que te motiva. Que nada ni nadie te confunda.

Un 9 en la cuarta

En ocasiones, se te acercarán seguidores fascinados con tu influencia que solo guardan intereses personales. Cuídate de ellos. Es muy fácil dejarse atrapar por falsos elogios y adulaciones, provocando que al final el ego nos nuble el juicio. Solo los humildes sabrán distinguir a los unos de los otros y no errar.

Un 9 en la quinta

Toda persona debe tener una meta, un destino, una estrella en el cielo a la que seguir. Si siempre sigues la tuya, nunca te perderás.

Un 6 en la sexta

Esta línea del hexagrama habla de un maestro, que en la vida puede estar representado por un profesor, un libro, un antiguo amigo conocedor de la verdad, y que de pronto recibe la visita de un alumno, de un discípulo, que busca su ayuda. El sabio, en lugar de apartarlo, decide ayudarlo en su cometido y entre ellos surge una estrecha y fructífera amistad.

COMPRENDE QUE
NO ERES MÁS QUE LOS DEMÁS
Y QUE TRATAR
DE DOMINAR EL MUNDO
NO ES POSIBLE.

18
LA RESTITUCIÓN

Ku

Este ideograma no solo hace referencia a lo que se ha echado a perder, a lo que se ha podrido, sino al trabajo que se debe hacer para repararlo. La restitución de algo que se ha estropeado por nuestra culpa encuentra la reparación, la reforma, en nuestras manos también.

Para ello, debes arremangarte y trabajar duro. No será fácil, pero si se ha llegado a este estado de putrefacción es porque se ha dejado libertad total a la situación y nadie ha velado por su desarrollo. Está todo parado y debes volver a ponerlo en marcha. Es hora de trabajar. Y para ello, hay que empezar por analizar las causas que han llevado a esto.

Asegúrate de que el camino que tomas para solventar la situación es el adecuado y que no vuelves a descarrilar de ninguna manera. Esta inercia que ha llevado a la putrefacción debe vencerse con energía y vitalidad para dar comienzo a un nuevo estado. Aprovecha el impulso que dan siempre los principios.

Este estancamiento puede darse también en la salud o en nuestros proyectos, e incluso en la manera de comportarse en la gente. Para luchar contra ello, debes sacudir los ideales de quienes lo han provocado, generar una actitud más luchadora entre ellos y guiarlos por el nuevo camino con eficacia y tranquilidad. No debes dar por hecho que las cosas son como están ahora; al revés, este no es su estado natural, aunque lo parezca. Hacedlo todos los que os veáis afectados, con energía, pero sin prisas.

EL HEXAGRAMA POR LÍNEAS

Recuerda que las líneas se cuentan desde abajo hacia arriba. Es decir, que la primera hace referencia a la que está más abajo en el hexagrama.

Un 6 en la primera

El apego a lo tradicional, a lo arcaico, es lo que ha provocado esta corrupción de lo natural. Pero aún es pronto y puedes encontrar una solución a pesar del riesgo que supone volver a ponerlo todo bajo control.

Un 9 en la segunda

La debilidad es lo que ha provocado estos errores. Por lo tanto, tendrá que ser con delicadeza como logres solventarlos.

Un 9 en la tercera

Cuidado a la hora de corregir errores del pasado, no vayas a hacerlo con demasiada energía porque puedes provocar algunas discrepancias. Pero, ojo, mejor esto a no hacer nada o quedarse corto para arreglar los problemas. Incluso si surge algún conflicto, puedes tener la seguridad de que estás haciendo lo correcto.

Un 6 en la cuarta

No ignores los errores del pasado. Trata de ponerles fin para que no sigan extendiéndose. Si no, deberás enfrentarte a una humillación más grande.

Un 6 en la quinta

Debes apoyarte en otros compañeros para reconducir una situación que se ha echado a perder por decisiones del pasado. No es como iniciar un proyecto de cero, pero también tiene mucho mérito.

Un 9 en la sexta

Tu labor no está en corregir los errores triviales, sino otros mucho más importantes, de mayor alcance, que afecten al futuro. No te distraigas con los pequeños errores que pueda haber a tu alrededor y céntrate en la meta a largo recorrido.

LA RESTITUCIÓN DE ALGO QUE SE HA ESTROPEADO POR NUESTRA CULPA ENCUENTRA LA REPARACIÓN, LA REFORMA, EN NUESTRAS MANOS TAMBIÉN.

19
EL ENGRANDECIMIENTO

Lin

La época que estás viviendo es perfecta para progresar con esperanza. Igual que en la primavera, todo lo que plantes ahora dará sus frutos y crecerá. Para cualquier proyecto o negocio que tengas entre manos, para cualquier idea que quieras desarrollar, este es el momento de afrontarlos con decisión porque la suerte y la energía están de tu parte.

Ahora bien, igual que la primavera no dura eternamente, este tiempo también tocará a su fin y debes ser consciente y estar preparado. Por eso, llegado el momento debes valorar cómo redirigir tu camino para atacar ese mal, ese problema que se está granjeando, antes de que se desarrolle por completo. Solo de ese modo lograrás dominarlo.

Aprovecha la ocasión para hacerte fuerte porque es una época muy fructífera que nace de los detalles que guardas en tu interior. No te muestres condescendiente con nadie: acércate para conocer a otros, su manera de ser, sus ideas... De ese modo, tú también crecerás.

EL HEXAGRAMA POR LÍNEAS

Recuerda que las líneas se cuentan desde abajo hacia arriba. Es decir, que la primera hace referencia a la que está más abajo en el hexagrama.

Un 9 en la primera

Empiezas a notar la tendencia ascendente y buena en lo que haces. Las señales son positivas y llegan desde lo alto: alguien con poder apoya tu camino. Pero no te pierdas ni te extravíes.

Un 9 en la segunda

Alguien desde arriba te llama para que vayas. Adelante. Lo que ahora llega no debe preocuparte. Debes ser consciente de que a todo momento de esplendor le sigue uno de ocaso. Y eso no es malo, es ley de vida. Que no te amedrente ni te haga cometer errores, tienes todo de tu parte para que salga bien. Lo que sea, será.

Un 6 en la tercera

Todo va bien. Has recibido poder y eso es maravilloso. Pero debes tener cuidado de no acomodarte ni aprovechar esta nueva posición para tratar a otros con condescendencia. Aun así, si te das cuenta del error y rectificas a tiempo, la suerte volverá a estar de tu lado. Asume la responsabilidad que conlleva tu nueva situación y todo irá bien.

Un 6 en la cuarta

Alguien que se encuentra en una posición más fuerte que tú, con más poder, buscará tu consejo y ayuda sin importarle las diferencias que existan entre vosotros. Esto es algo muy positivo y debes aprovechar el momento.

Un 6 en la quinta

Todo saldrá bien si quien tiene el poder sabe delegar. Debe rodearse de la gente adecuada, competente, y permitirles hacer su trabajo sin inmiscuirse constantemente.

Un 6 en la sexta

Si ya has logrado tus objetivos, has aprendido, has crecido y te piden ayuda quienes aún están en el camino, bríndasela. Tanto los que reciben esos consejos y ese apoyo como quien los da saldrán beneficiados y más fuertes. La generosidad mueve el mundo.

PARA CUALQUIER PROYECTO O NEGOCIO QUE TENGAS ENTRE MANOS, PARA CUALQUIER IDEA QUE QUIERAS DESARROLLAR, ESTE ES EL MOMENTO DE AFRONTARLOS CON DECISIÓN PORQUE LA SUERTE Y LA ENERGÍA ESTÁN DE TU PARTE.

20
LA VISTA

Kuan

Es momento de observar, no solo mirar, lo que te rodea. En todas las direcciones y con perspectiva. Comprende qué hay para poder planificar adecuadamente.

No actúes, prepárate para ello: observa o déjate observar como modelo de conducta o ideas y aprende. Recaba información, datos; el conocimiento puede llegar de todas partes y puede convertirse en solución en el futuro. La cautela será tu amiga.

EL HEXAGRAMA POR LÍNEAS

Recuerda que las líneas se cuentan desde abajo hacia arriba. Es decir, que la primera hace referencia a la que está más abajo en el hexagrama.

Un 6 en la primera

Debes tratar de comprender por qué suceden las cosas, cuáles son los nexos de unión, las causas de determinados efectos. No te limites a mirar sin entender. Habrá muchos que no comprendan tu actitud, pero que eso no te agobie.

Un 6 en la segunda

Busca siempre la objetividad. Cuidado con poner la perspectiva en ti en lugar de en los demás. Para comprender la situación entera, debes recabar información y datos de otros. Solo así podrás entender sus motivaciones y anhelos. Cuidado con el egocentrismo y el egoísmo porque pueden traer malas consecuencias.

Un 6 en la tercera

Es época de transición. Ahora no mires solo a tu alrededor, sino también dentro de ti. ¿Qué decisiones tomaste? ¿Qué consecuencias tuvieron? ¿Fueron positivas o negativas? ¿Avanzaste o retrocediste? Reflexiona sobre ello para lograr el autoconocimiento.

Un 6 en la cuarta

Quien sabe dirigir y llevar a buen puerto los proyectos, debe ocupar una posición decisiva para ser capaz de tomar decisiones y marcar la diferencia. Seas o no seas tú esa persona, el elegido debe tener autonomía y libertad, y no se le debe «utilizar», sino honrarle como se merece.

Un 9 en la quinta

Aquel que ostenta un puesto de autoridad debe someterse constantemente a la autoevaluación. Esta evaluación no puede limitarse solo a admirar todo lo positivo que tiene él, sino los efectos de sus decisiones. Si estas son buenas, entonces es que está en el camino correcto.

Un 9 en la sexta

A diferencia de la línea anterior, aquí la sabiduría se encuentra en la evaluación del mundo, y no en la de uno mismo. Pues solo de esta manera se comprenderá cómo trascender, cómo evolucionar, cómo crecer.

EL CONOCIMIENTO
PUEDE LLEGAR
DE TODAS PARTES
Y PUEDE CONVERTIRSE
EN SOLUCIÓN
EN EL FUTURO.

21
EL CASTIGO JUSTO

Shih Ho

Hay un obstáculo en tu camino y la única manera de eliminarlo es actuando con decisión, de manera tajante, como una dentellada. No trates de negociar ni de enredarte en debates, es momento de hacer justicia, no de andar de pleitos. Y esta actitud debe servir en cualquier situación y circunstancia de tu vida ahora mismo.

Es posible que, si un proyecto o una idea no salen adelante entre un grupo de personas, sea porque hay alguien que obstaculiza el avance, un traidor, incluso. En ese caso, también hay que tomar medidas inmediatas y así evitar complicaciones duraderas. Saca la verdad a la luz.

Se debe juzgar a quien es así y dejarle claro que con esa actitud no puede seguir formando parte del equipo, siempre de un modo correcto. Lo importante no es el castigo, sino solventar el conflicto lo antes posible y de forma radical. Conoce hasta el fondo a quienes te rodean, aunque sea duro. Ve hasta el final.

De nada sirve utilizar la agresividad ni la vehemencia a la hora de aplicar el castigo, igual que tampoco vale mostrar debilidad. Debe reinar la justicia en todo momento y que quien aplique el castigo y decida sea una persona recta y que se haya granjeado previamente el respeto de los demás.

EL HEXAGRAMA POR LÍNEAS

Recuerda que las líneas se cuentan desde abajo hacia arriba. Es decir, que la primera hace referencia a la que está más abajo en el hexagrama.

Un 9 en la primera

Cuando alguien es pillado en falta por primera vez y al comienzo de la fechoría, recibe un pequeño castigo. Una advertencia. Lo justo para que comprenda que no puede seguir por ese camino.

Un 6 en la segunda

Eres capaz de distinguir lo justo de lo injusto en este caso porque es sencillo. Y aunque te excedas en el castigo y te pierdas llevado por la cólera y la indignación del momento, debes saber que el castigo está justificado, aunque será mejor si puedes controlarte.

Un 6 en la tercera

Se ha cometido una falta por algo de hace mucho tiempo y alguien debe castigar a quienes la han provocado. Sin embargo, esa persona no tiene suficiente poder y los otros se burlan de él sin doblegarse al castigo. Además, a raíz del intento de castigo, genera odio y burlas entre otros. Aun así, había motivos para castigar y debía hacerse.

Un 9 en la cuarta

Se acercan grandes dificultades a las que habrá que enfrentarse y deberás luchar contra adversarios poderosos que merecen un castigo. Será agotador, pero al final lo conseguirás si no muestras debilidad y te mantienes firme. Debes ser imparcial y leal a tus principios.

Un 6 en la quinta

Debes resolver un conflicto claro, pero difícil. Por tu forma de ser, es fácil mostrarte benevolente y doblegarte. Pero eso no debe pasar: sé leal e imparcial y acepta la responsabilidad de tu cargo para que todo vaya bien.

Un 9 en la sexta

La persona que ha cometido la falta no tiene intención de corregirlo y de nada sirve tratar de castigarla por sus actos. Esta obcecación solo lleva a su desgracia.

HAY UN OBSTÁCULO
EN TU CAMINO
Y LA ÚNICA MANERA
DE ELIMINARLO
ES ACTUANDO CON DECISIÓN,
DE MANERA TAJANTE,
COMO UNA DENTELLADA.

22
LA FORMA BELLA

Pi

La forma bella, las apariencias, iluminan el camino y aclaran lo que no es esencial, pero facilita el paso. No pienses en las «apariencias» como algo negativo, simplemente cuida tu imagen, tu saber estar. De ese modo llegarás lejos. Debes tener cuidado para no abusar de ello y acabar perdiéndote en la imagen en lugar de en el fondo, sobre todo para temas más graves. Pero en el día a día, este comportamiento, esta atención a los pequeños detalles que ve la gente, te ayudará a lograr el éxito. Maquíllate, por dentro y por fuera, para sacar lo mejor de ti y mostrárselo al mundo.

Este símbolo hace referencia a la belleza, y en el arte esto está siempre muy presente, aunque sea de manera subjetiva. Por lo tanto, es buena época para que te animes a trabajar en proyectos relacionados con la música, la pintura, la escritura, el cine... Consigue, mostrando su belleza, explicar conceptos a los demás de forma ilustrada y que así comprendan tu idea, tu proyecto.

EL HEXAGRAMA POR LÍNEAS

Recuerda que las líneas se cuentan desde abajo hacia arriba. Es decir, que la primera hace referencia a la que está más abajo en el hexagrama.

Un 9 en la primera

No elijas la opción más cómoda sabiendo que no la mereces. Te llegarán ofertas de cuestionable integridad, pero ahora mismo tu posición es la de quien trabaja y empuja, y por mucho que otros te aseguren que ellos pueden hacerte crecer más rápido, no están siendo sinceros.

Un 6 en la segunda

Si te centras en las apariencias y te olvidas del fondo, estarás perdido. Que la imagen complemente a la idea, al proyecto, al mensaje, y no al revés. Sola, la importancia de la apariencia es algo superfluo y únicamente alimenta la vanidad.

Un 9 en la tercera

Te encuentras en un estado de bienestar, feliz, bello. Pero si solo te preocupas por perpetuar esa belleza, esa gracia, y te abandonas en otros aspectos de la vida, llegará la desdicha. Busca perdurar y no desaparecer con el tiempo o el abandono.

Un 6 en la cuarta

Ha llegado un momento en el que te preguntas si es buena idea abandonar estas apariencias tan cuidadas, esta estética o gracia por las que te has esmerado hasta agotarte. Que te hagas la pregunta ya implica una respuesta: en efecto, es momento de volver a la sencillez aunque por ello pierdas privilegios.

Un 6 en la quinta

Te has cansado de estar rodeado de personas, de situaciones, de ideas, que solo se basan en la apariencia, que lo único que valoran es la imagen y no el fondo. Por eso te alejas, te distancias y en esa separación conoces a otros que, sin necesidad de intercambiar regalos de ningún tipo, te valoran como eres y con los que puede surgir una auténtica amistad.

Un 9 en la sexta

No necesitas ningún tipo de adorno ni maquillaje. Lo que te hace grande, lo que te da poder, es tu esencia. Y esa forma de ser, que no busca aparentar lo que no es, reluce también en el exterior.

ES BUENA ÉPOCA
PARA QUE TE ANIMES A TRABAJAR
EN PROYECTOS RELACIONADOS
CON LA MÚSICA, LA PINTURA,
LA ESCRITURA,
EL CINE...

23
LA DESINTEGRACIÓN

Po

Época complicada. Lo vulgar socava todo lo noble hasta provocar su derrumbe. Es mal momento para emprender ninguna acción, idea o proyecto. Este símbolo habla de posible enfermedad o desastre económico o emocional si no se asientan pronto las bases adecuadamente. Debes adaptarte a la mala época sin hacer demasiados movimientos, asegurándote de que los cimientos aguantarán la embestida. No te lo tomes como cobardía, sino como una estrategia inteligente para evitar confrontar la acción directamente.

El hexagrama, con todas las líneas partidas menos la superior, representa cómo hemos cargado nuestra mente, nuestra cabeza, con problemas y conflictos que ahora amenazan con derrumbarlo todo; de ahí que debamos encontrar de nuevo el equilibrio y reforzar los cimientos.

EL HEXAGRAMA POR LÍNEAS

Recuerda que las líneas se cuentan desde abajo hacia arriba. Es decir, que la primera hace referencia a la que está más abajo en el hexagrama.

Un 6 en la primera

La situación es difícil, pero solo puedes esperar. Las circunstancias o las personas que te rodean se han encargado de ir destruyendo poco a poco las bases sin que te dieras cuenta, acabando también con los apoyos o las circunstancias que estaban de tu parte.

Un 6 en la segunda

Lo negativo, lo malvado, que también puede representarse en personas a nuestro alrededor, está cada vez más cerca y sus efectos se pueden observar ahora con claridad. Aléjate de ese camino. No vas a encontrar ayuda en ninguna parte. Ahora más que nunca, debe primar la cautela. La situación mejorará si eres inflexible en tus convicciones.

Un 6 en la tercera

A tu alrededor existen personas tóxicas, pero entre ellas hay alguien a quien respetas, alguien sabio, valioso. Escúchalo y aprende de él aunque debas tratar de alejarte de los demás.

Un 6 en la cuarta

El mal te ha alcanzado y ya no podemos hacer nada para contrarrestarlo.

Un 6 en la quinta

El mal comienza a remitir, arrastrado por lo bueno. La oscuridad se retira gracias a la luz, y tras ella se van desvaneciendo todas las sombras. Vuelve la suerte y la dicha.

Un 9 en la sexta

Se avecinan tiempos más favorables. Quien ha sido bueno y ha actuado con rectitud recupera el poder que el mal le había arrebatado, mientras que quien se ha movido por el mal sufre ahora las consecuencias de su perversidad.

EL HEXAGRAMA,
CON TODAS LAS LÍNEAS PARTIDAS
MENOS LA SUPERIOR, REPRESENTA
CÓMO HEMOS CARGADO
NUESTRA MENTE, NUESTRA CABEZA,
CON PROBLEMAS Y CONFLICTOS
QUE AHORA AMENAZAN
CON DERRUMBARLO TODO.

24
EL SOLSTICIO

Fu

Después de una época complicada, llega otra de dicha. La oscuridad da paso a la luz. El pasado se queda atrás y abre camino a lo nuevo en este punto de inflexión. Encontrarás personas con las que tienes mucho en común y con las que podrás trabajar mano a mano sin temor a que alguien se mueva por fines egoístas. No tengas prisa, todo llegará en el momento oportuno; no hace falta que lo fuerces.

Este signo también hace referencia a la mejora de la salud, en caso de que haya habido una enfermedad; a la comprensión entre personas que hasta el momento no se han entendido, a la reconstrucción después de las ruinas. Pero, como cualquier nuevo comienzo, debe hacerse con cuidado para que dé sus frutos.

EL HEXAGRAMA POR LÍNEAS

Recuerda que las líneas se cuentan desde abajo hacia arriba. Es decir, que la primera hace referencia a la que está más abajo en el hexagrama.

Un 9 en la primera

Es muy fácil dejarse seducir por pensamientos y actitudes negativas, sobre todo al principio, cuando son tan nimios y no les prestamos atención mientras nos desvían del camino correcto. Pero es en esos momentos cuando tienes que cortarlos de raíz y retomar el rumbo adecuado para que no se extiendan y se vuelvan perennes.

Un 6 en la segunda

Para luchar contra las malas costumbres, rodéate de gente buena, que te aporte, que te enseñe y que te ayude a ser mejor.

Un 6 en la tercera

Por tu forma de ser, es posible que te distraigas del camino recto y siempre tengas que estar volviendo atrás la vista para recuperar el rumbo. Pero si siempre estás mirando atrás, se avanza muy poco; aunque también es cierto que al menos no retrocedes.

Un 6 en la cuarta

Aunque estás rodeado de personas o circunstancias que son mala influencia, hay algo o alguien más sabio, más antiguo, que es tu amigo y que quiere ayudarte a regresar al camino adecuado. Aprovéchalo.

Un 6 en la quinta

Evalúate, en caso de que hayas cometido un error, sé sincero contigo mismo y reconoce tu falta sin excusarte en nada ni en nadie para recuperar la paz.

Un 6 en la sexta

Debes regresar al camino correcto antes de que sea demasiado tarde. Si no lo haces y pierdes la oportunidad por tozudez, vendrán desgracias y la derrota.

DESPUÉS
DE UNA ÉPOCA COMPLICADA,
LLEGA OTRA DE DICHA.
LA OSCURIDAD
DA PASO A LA LUZ.

25
LA INOCENCIA

Wu Wang

La situación es sincera, real, inocente. No existen segundas intenciones y tampoco debes buscarlas. Sé natural, improvisa. No hagas algo buscando conseguir un premio o una ventaja: lo inesperado, lo no premeditado, te traerá suerte y los proyectos saldrán mejor. Utiliza tu instinto para guiarte, aunque luego, para mantener el trabajo, debe reinar la perseverancia. Sé sincero cuando hables con los demás, no trates de imaginar qué les puede sentar mejor o cómo puedes obtener algo de ellos. Actúa con la inocencia de un niño. Que sean la pasión y lo espontáneo lo que guíe tus pasos.

EL HEXAGRAMA POR LÍNEAS

Recuerda que las líneas se cuentan desde abajo hacia arriba. Es decir, que la primera hace referencia a la que está más abajo en el hexagrama.

Un 9 en la primera

El impulso que sientes para arrancar ese proyecto, esa idea, esa actitud, es el adecuado. No pienses más y ponte a ello porque la suerte estará de tu parte.

Un 6 en la segunda

Si actúas sin pensar en qué obtendrás a cambio, si tendrás éxito o no, todo saldrá bien. Ponte en marcha motivado por tu instinto.

Un 6 en la tercera

Algo malo puede sucederte sin habértelo buscado, por circunstancias que no tienen que ver contigo. Simplemente, te ha tocado a ti. Pero estas circunstancias pueden evitarse muchas veces si estamos pendientes de lo nuestro y lo cuidamos para que otros no nos arrebaten lo que nos pertenece.

Un 9 en la cuarta

Sé sincero y leal contigo mismo y dará igual lo que digan o hagan otros sobre ti. Por mucho que los demás quieran hacerte parecer otra persona, no lo conseguirán.

Un 9 en la quinta

Si algo malo llega a tu vida provocado por algún agente externo y en forma de persona o de situación, debes dejar que pase sin hacer nada. No te preocupes: se resolverá solo.

Un 9 en la sexta

Si actúas para evitar tu destino o con segundas intenciones, se complicará todo. Es un momento de espera porque no progresarás de ningún modo.

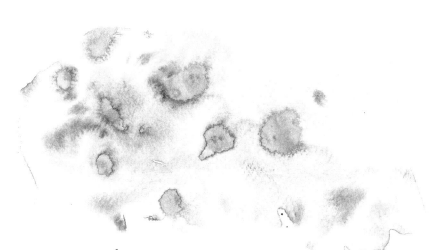

ACTÚA CON LA INOCENCIA DE UN NIÑO.
QUE SEAN LA PASIÓN Y LO ESPONTÁNEO
LO QUE GUÍE TUS PASOS.

26
EL AMANSAMIENTO

Ta Ch'u

Es momento de prepararte, de entrenar, de sacarle el máximo partido a la situación o a tu persona a base de adiestramiento. Hay palabras y situaciones del pasado que engrandecerán la fuerza de tu carácter. Aprende, no dejes de descubrir cosas nuevas. Pero, atención, no basta solo con saber: debes aplicar al presente lo que ya conoces, lo que has aprendido en el pasado.

Busca siempre el orden para tener todo controlado. De nada sirve ahora dejarse llevar por los impulsos: debes refrenarte y repartir la energía a lo largo de todo el trabajo. Tendrás éxito en lo que te propongas, incluso en las empresas más difíciles, si sabes controlar la libertad y eres capaz de contenerte tú mismo.

EL HEXAGRAMA POR LÍNEAS

Recuerda que las líneas se cuentan desde abajo hacia arriba. Es decir, que la primera hace referencia a la que está más abajo en el hexagrama.

Un 9 en la primera

Aunque te gustaría avanzar, no es posible: hay un peligro, un obstáculo, y es mejor desistir para no malgastar energías hasta que encuentres una vía de escape. Aprovecha este parón involuntario para nutrirte de conocimiento, fuerza, relaciones...

Un 9 en la segunda

Has podido avanzar, pero la obstrucción en el camino es inversamente proporcional a tu energía para seguir o incluso mayor, por eso es mejor no persistir. Descansa y recarga fuerzas.

Un 9 en la tercera

Estás avanzando ¡por fin! Y lo importante es conocer la meta a la que dirigirte. Pero no pierdas de vista el peligro que acecha y que puede intentar hacerte perder el camino. Esfuérzate por seguir avanzando, pero también ve formando tu coraza por si llega un ataque inesperado.

Un 6 en la cuarta

Debes aprender a domar, a canalizar las energías, sobre todo las que nacen de la ferocidad, para prevenirlas y que no se conviertan en obstáculos, sino en fuelle durante nuestro avance. De ese modo alcanzarás el éxito.

Un 6 en la quinta

Para domar las pasiones, la forma de ser de las personas, tu competencia, debes hacerlo con elegancia, no con brutalidad. Comprende las razones de esas fuerzas para poder extirparlas. Ten tú el control de la situación.

Un 9 en la sexta

Toda la energía que has acumulado este tiempo encuentra su camino hacia el éxito. Las decisiones que tomes, los pasos que des, se verán recompensados con la suerte. Tu forma de ser, tus conocimientos, darán forma a las circunstancias.

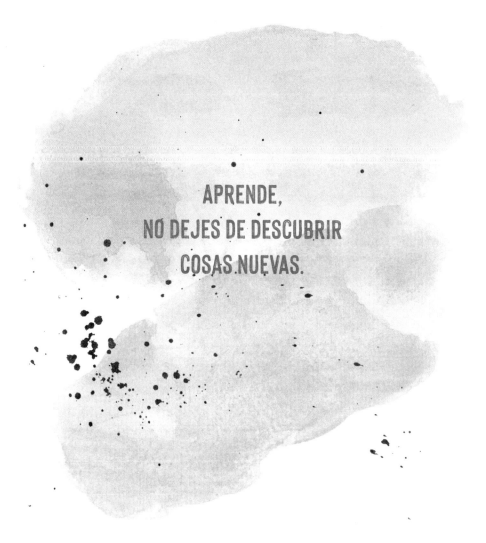

APRENDE,
NO DEJES DE DESCUBRIR
COSAS NUEVAS.

27
EL ALIMENTO

I

Este signo nos habla de cómo cultivamos nuestro carácter según lo que ingerimos y lo que expulsamos, tanto en el plano corporal como en el espiritual y emocional. Cultivar tu carácter es cuestión de escoger los mejores abonos y de saber aprovechar el poder del silencio.

Las palabras también cambian: el mismo mensaje puede transmitirse de dos maneras distintas y provocar en los demás reacciones muy dispares. Busca siempre la bondad y rodéate de ella para que los resultados sean mejores. A veces, guardar silencio y mostrar discreción puede ser mucho más beneficioso que pronunciarse.

Al final, toda la información que recibimos la digerimos y, de un modo u otro —a veces más, a veces menos—, nos cambia. Así que debes vigilar de qué manera lo haces. Cultiva los aspectos de tu carácter más importantes para ser una persona grande. Conoce realmente a alguien prestando atención a qué le interesa, cuáles son las actitudes que dispensa a los demás y también cuáles son los comentarios que más le importan. Encuentra gente que te haga mejor y aléjate de las relaciones tóxicas.

Este «alimento» que nos cambia está presente en nuestra rutina, en las personas que nos rodean, en los conocimientos que adquirimos... Pero también en lo que nosotros debemos dispensar a otros. Y puede llegar en forma de palabras, de emociones, de experiencias: vigila cuáles son las palabras, los mensajes que alimentan tu espíritu y con los que alimentas a otros.

EL HEXAGRAMA POR LÍNEAS

Recuerda que las líneas se cuentan desde abajo hacia arriba. Es decir, que la primera hace referencia a la que está más abajo en el hexagrama.

Un 9 en la primera

No tengas miedo de vivir por tu cuenta, sin depender de otros. Lo peor que puedes hacer es mirar a tu alrededor con envidia de lo que tienen los demás. Si te comportas de esta manera, serás infeliz.

Un 6 en la segunda

Trata de obtener las ideas, la información, el «alimento» por tu cuenta sin depender de los demás, excepto en contadas ocasiones en las que realmente lo necesites. Si prefieres que sean otros con más poder quienes te ofrezcan los suyos, acabarás perdiendo tu propia naturaleza y esto acarreará mala suerte.

Un 6 en la tercera

Cuidado con buscar sensaciones, palabras, ideas, productos que no aportan nada y nos alejan de la realidad para vivir en puras fantasías. Si nos dejamos embriagar por este tipo de impulsos, nos perderemos a nosotros mismos.

Un 6 en la cuarta

Encuentra la gente adecuada para crecer, para obtener los mejores «alimentos» y así hacerte más fuerte y obtener el éxito.

Un 6 en la quinta

Cuando aceptes que no puedes con algo, busca consejo en alguien con más sabiduría y más poder, alguien a quien admires y respetes. Pero hazlo con humildad, sabiendo que tú solo no podrías alcanzar el éxito de grandes empresas.

Un 9 en la sexta

El sabio, además de poder y conocimiento, debe aceptar que sobre sus hombros recae una responsabilidad importante para ayudar a los demás a que surjan grandes proyectos e ideas.

A VECES,
GUARDAR SILENCIO
Y MOSTRAR DISCRECIÓN
PUEDE SER MUCHO MÁS BENEFICIOSO
QUE PRONUNCIARSE.

28
EL EXCESO

Ta Kuo

Cargas con demasiado peso sobre tus hombros, y aunque eres como un pilar fuerte y resistente, los extremos son débiles y amenazan con resquebrajarse. Cuando se habla de tensión, también puede traducirse por obsesión u ofuscación con algo. Lo mejor es relativizar todos los problemas, distraerse, descansar la mente y repartir la energía. Cuídate a ti para poder cuidar a otros.

Hay una sobrecarga, pero también debes saber que se trata de un momento concreto y que este pasará. No temas los cambios: en tu situación, serán muy beneficiosos siempre y cuando no sean radicales. Esta transición se debe producir paulatinamente y no a la fuerza. Encuentra el modo de liberarte de parte de ese peso distribuyéndolo entre otros, encontrando fuerzas o aligerando la carga.

EL HEXAGRAMA POR LÍNEAS

Recuerda que las líneas se cuentan desde abajo hacia arriba. Es decir, que la primera hace referencia a la que está más abajo en el hexagrama.

Un 6 en la primera

Si has tomado la decisión de comenzar un proyecto en circunstancias poco habituales, la cautela, el cuidado, la seguridad de que se está preparado debe primar en todo momento para que vaya bien. Asegura las bases para que no haya malas sorpresas en el futuro.

Un 9 en la segunda

Es posible que se produzca un cambio en tu situación. Cuando alguien más sabio, más poderoso, se une con alguien más joven o más ingenuo, puede darse un resultado beneficioso para ambas partes.

Un 9 en la tercera

Busca ayuda, no trates de hacerlo tú solo. Déjate aconsejar por los que saben más que tú y ayuda a quienes tienen menos conocimientos para que la carga se reparta y no te rompas.

Un 9 en la cuarta

Si lo que buscas es aprovecharte de los que están en desventaja, jamás lograrás el éxito. Busca ayuda, eso sí, pero tratando de encontrar el estado ideal para todas las partes implicadas.

Un 9 en la quinta

Si solo te preocupas por agradar y escuchar y ayudar a quienes están por encima de ti, y te olvidas de quienes tienen menos o aún les quedan cosas por aprender que tú ya conoces, acabarán rompiéndose todas las relaciones y las posibilidades de que los proyectos den buenos frutos.

Un 6 en la sexta

Te cueste lo que te cueste, debes enfrentarte a la situación extraordinaria que el destino ha puesto en tu camino. Es probable que pierdas mucho, pero aun así, has de hacerlo por el fin mayor por el que estás peleando.

LO MEJOR
ES RELATIVIZAR
TODOS LOS PROBLEMAS,
DISTRAERSE,
DESCANSAR LA MENTE,
Y REPARTIR LA ENERGÍA.
CUÍDATE A TI PARA
PODER CUIDAR A OTROS.

29
LAS AGUAS ABISMALES

K'an

Este trigrama, que como ves está formado por la repetición del signo del agua, habla de estar envueltos en una situación complicada, peligrosa, pero a la que tenemos que acostumbrarnos para poder salir de ella y movernos, nunca quedarnos parados porque nos ahogaríamos. Es un desafío y, según tu comportamiento, llegará el éxito o el fracaso. Atrévete, lánzate. Para los novatos, puede resultar una situación peligrosa: es fácil hundirse, perder el control, navegar sin rumbo. Pero para quien tiene experiencia, es una oportunidad perfecta para tomar velocidad y avanzar con energía. Si hablamos de relaciones con otra gente, entrégate con pasión, es la única manera de vencer al peligro, si hay alguno.

Como el agua que riega los campos, también es un momento propicio para que se originen nuevos proyectos. Lucha por tus metas, sé el primero en confiar en algo. La autenticidad te permitirá comprender el sentido exacto de la situación a la que te enfrentas. Igual que el agua se cuela en todas partes, deja que las buenas acciones, el buen hacer, la bondad, se filtre por todo tu ser y empape todas tus decisiones. Lo que aprendas, podrás compartirlo con otros para ayudarles en su aprendizaje.

EL HEXAGRAMA POR LÍNEAS

Recuerda que las líneas se cuentan desde abajo hacia arriba. Es decir, que la primera hace referencia a la que está más abajo en el hexagrama.

Un 6 en la primera

Si conviertes en algo habitual las situaciones peligrosas, complicadas, estas acabarán formando parte de ti y te perderás. Lo que es malo, sigue siéndolo por muchas veces que te encuentres con ello y te acostumbres a su presencia.

Un 9 en la segunda

Si estás en una situación peligrosa o complicada, no trates de salir de ella a la fuerza. Primero, asume tu situación y evita que esta pueda contigo. Valora todas las circunstancias y avanza poco a poco hasta encontrar la seguridad y la calma de nuevo.

Un 6 en la tercera

No es el momento de actuar para salir de la situación. Es mejor estudiarla, valorar todas las opciones, analizar con calma cada detalle antes de dar un paso en falso y aguardar a ver una salida clara.

Un 6 en la cuarta

En época de peligro, es mejor que seas fiel a ti mismo y que actúes con claridad, sin cortapisas ni acciones rebuscadas. Ve a lo sencillo.

Un 9 en la quinta

No trates de volar alto. Todavía no. Espera a que pase el peligro para intentar llevar a cabo grandes empresas con éxito.

Un 6 en la sexta

Si en situaciones de peligro te confundes y cometes un error detrás de otro, no habrá forma de salir de ellas.

IGUAL QUE EL AGUA
SE CUELA EN TODAS PARTES,
DEJA QUE LAS BUENAS ACCIONES,
EL BUEN HACER, LA BONDAD,
SE FILTRE POR TODO TU SER
Y EMPAPE TODAS TUS DECISIONES.

30
EL FUEGO

Li

Li puede significar estar adherido a algo o a alguien, o condiciona-
do por alguna circunstancia, igual que el fuego se une al elemento
sobre el que arde y va devorando su forma. Al pensar en este
símbolo debes imaginarte como si fueras unas llamas que necesitan carburante para seguir iluminando, pero también combustible para no consumirte. Tus ideas pueden llegar lejos e iluminar
a otros, pero para ello debes encontrar sustento en tu energía y
rodearte de personas adecuadas con las que contar.

Brilla. Apóyate en otras personas o en otras pasiones para que
tu luz se mantenga firme y no se apague. Acepta que dependes
de ese algo, de ese alguien, para crecer. ¿Quién es? ¿Qué es? Ana-
lízate para averiguarlo y así cuidarlo, defenderlo y agradecerlo.
Si piensas que estás solo, que no necesitas nada ni a nadie, no
crecerás. Las fuerzas universales que mueven la bondad están
ahí para que te unas a ellas y descubras tu lugar en el mundo.
Debes aceptarlas.

EL HEXAGRAMA POR LÍNEAS

Recuerda que las líneas se cuentan desde abajo hacia arriba. Es decir, que la primera hace referencia a la que está más abajo en el hexagrama.

Un 9 en la primera

Lee esta línea como si fuera el comienzo del día, el amanecer. Un momento importante porque, según cómo vaya, así se desarrollará el resto de la jornada. Por eso no debes perderte en nimiedades o entretenerte. Tienes que mantener la concentración para enfrentarte a todo lo que surja.

Un 6 en la segunda

Ya es mediodía. Es el momento con más sol, con más luz. Eso trae buena suerte. Es perfecto para enfrentarte a actividades o empresas relacionadas con el arte.

Un 9 en la tercera

Llega el ocaso. El final del día. Todo en la vida tiene un final y tienes que aceptarlo. De nada sirve alegrarte o llorar por el fin de algo, porque es inevitable. Mejor aprovecha la energía en otras cosas y prepárate para el destino.

Un 9 en la cuarta

Es bueno ser inquieto, tener curiosidad, pero que no sea algo fugaz, sino que se mantenga en el tiempo. No te desgastes igual que el fuego desgasta un trozo de madera.

Un 6 en la quinta

Has alcanzado el punto álgido de una situación, relación o proyecto. Ahora empezará a consumirse. Es mejor que lo aceptes y que comiences otros proyectos, otras relaciones, otras ideas. Es normal sentir pena. Mucho mejor eso que pelear y gastar energía para tratar de luchar contra lo inevitable.

Un 9 en la sexta

Solo puedes contraatacar el mal yendo a la raíz del problema. Sea lo que sea —una actitud, una persona, una costumbre—, anúlalo utilizando la fuerza justa, sin aprovechar el momento para vengarte o ser cruel. Siempre con justicia.

AL PENSAR EN ESTE SÍMBOLO
DEBES IMAGINARTE
COMO SI FUERAS UNAS LLAMAS
QUE NECESITAN CARBURANTE
PARA SEGUIR ILUMINANDO,
PERO TAMBIÉN COMBUSTIBLE
PARA NO CONSUMIRTE.

31
EL INFLUJO

Hsien

Déjate atraer y atrae. Sé humilde y escucha los consejos de quienes saben más. Aprende, aprovecha esas advertencias y lograrás el éxito. Si haces ver a la gente que lo sabes todo, nadie querrá ayudarte y fracasarás. Debes escuchar, valorar ofertas y consejos. La comunicación será el arma idónea para este momento. También puede darse la situación opuesta: que seas tú quien ha de aconsejar a otros. Hazlo. Del mismo modo que otros te influyen, influye tú en los demás. Ambas partes saldréis beneficiadas. No te rindas en tus proyectos y persevera.

EL HEXAGRAMA POR LÍNEAS

Recuerda que las líneas se cuentan desde abajo hacia arriba. Es decir, que la primera hace referencia a la que está más abajo en el hexagrama.

Un 6 en la primera

Aunque el influjo, la influencia existen ya, aún no se advierten. Por lo tanto, sin que exista evidencia de ello, es como si no existiera.

Un 6 en la segunda

Debes esperar a que te llegue un influjo externo para empezar a moverte, para comenzar el proyecto, para avanzar. Si lo haces ahora, te agotarás porque no podrás con todo si actúas por tu cuenta.

Un 9 en la tercera

No te dejes influir solo por impulsos y caprichos. Debes valorar con cabeza cada paso que vas a dar. No te apresures y presiones a quienes quieres influir; valora la situación y medita si debes lanzarte o contenerte. Por último, no te dejes arrastrar por quienes están por encima de ti sin valorar las consecuencias detenidamente.

Un 9 en la cuarta

Asegúrate de que la influencia llega del corazón. Busca que sea una influencia duradera, o algo puntual para que no llegue después el arrepentimiento. Este influjo sobre los demás, que no serán todos, sino solo algunos, no ha de estar premeditado, debe surgir solo en las acciones, palabras y decisiones naturales de cada uno de nosotros, sin falsedad.

Un 9 en la quinta

Quien no se deja influir, no podrá influir en los demás. Se influirá de manera inconsciente, sin que la voluntad pueda decidir si va a dejarse o no.

Un 6 en la sexta

No permitas que te influyan solo con palabras, sin que estas tengan ningún valor más allá del sonido que provocan. Tampoco trates de influir tú a otros con palabras huecas. Siempre debe haber algo que las soporte.

SÉ HUMILDE
Y ESCUCHA LOS CONSEJOS
DE QUIENES SABEN MÁS.
-

APRENDE,
APROVECHA ESAS ADVERTENCIAS
Y LOGRARÁS EL ÉXITO.

32
LO PERDURABLE

Heng

Dos partes, personas, ideas, pueden mantenerse unidas a pesar de los cambios a lo largo del tiempo. No pienses en lo duradero como algo rígido, sino como algo que se mantiene en el tiempo y que forma parte de nuestra historia a pesar de todas las transformaciones que vivas.

Este signo también habla de la renovación, pues incluso en esa evolución se mantiene lo perdurable. Ten como ejemplo las estaciones: cómo van cambiando. Precisamente porque se producen esas variaciones, duran eternamente. Así debes afrontar la situación actual, sabiendo que esa persona o actitud que está a tu lado seguirá durante gran parte de tu camino y apoyándote en ellas lograrás el éxito en lo que te propongas. Si hablas de personas o de trabajos, debes saber que estás en un momento de calma, de tranquilidad, de equilibrio.

No debes confundir lo conservador y rígido con lo duradero. De hecho, sería un error pensar que la inmovilidad es lo único sempiterno. Cambia. Lo único perdurable es el rumbo firme que define todas tus decisiones y actos a lo largo del tiempo.

EL HEXAGRAMA POR LÍNEAS

Recuerda que las líneas se cuentan desde abajo hacia arriba. Es decir, que la primera hace referencia a la que está más abajo en el hexagrama.

Un 6 en la primera

Lo duradero no surge de la noche a la mañana. Debe ir construyéndose poco a poco, meditando al respecto y trabajando en ello. Si exiges demasiado a otra persona, a una situación, a ti mismo, puedes romper esa unión y puede que, al final, no logres nada a pesar de estar esperándolo todo.

Un 9 en la segunda

Será tu voluntad lo que te ayude en esta empresa o relación o situación en la que te encuentras. Ahora mismo solo cuentas con ella y con el tiempo para que se desarrolle adecuadamente y salga adelante, ya que, por otro lado, te faltan el poder, los apoyos o la energía. Aun así, tu voluntad y la confianza en el tiempo te llevarán al éxito.

Un 9 en la tercera

No dejes que te influyan otros, ni para bien con esperanzas ni para mal con temores o dudas, porque te desestabilizarán. Solo si te eres fiel y no pierdes el rumbo que marca tu propia voluntad, lograrás el éxito en lo que te propongas.

Un 9 en la cuarta

No basta con esperar, si algo se quiere conseguir. Se debe saber dónde buscar para poder encontrar, y seguir los pasos oportunos desde el principio.

Un 6 en la quinta

Tu actitud debe ser distinta según en qué posición te encuentres. Si tú guías, debes buscar lo mejor para cada caso, cambiando según las circunstancias para obtener el éxito. Mientras que si te dejas guiar, entonces siempre debes atenerte a las decisiones de quien guía.

Un 6 en la sexta

Cuidado con dejarse arrastrar por el desasosiego. Sentirlo de vez en cuando es normal, pero que se convierta en algo permanente puede resultar muy peligroso para ti y para los demás si, encima, ostentas cargos de poder y hay quienes dependen de tus decisiones.

NO PIENSES EN LO DURADERO
COMO ALGO RÍGIDO, SINO
COMO ALGO QUE SE MANTIENE
EN EL TIEMPO Y QUE FORMA PARTE
DE NUESTRA HISTORIA
A PESAR DE TODAS
LAS TRANSFORMACIONES
QUE VIVAS.

33
LA RETIRADA

Tun

Se acerca una época difícil. Es mejor que te retires y conserves fuerzas hasta que este peligro pase. No es cuestión de cobardía, sino de inteligencia, pues lo que está a punto de llegar se rige por fuerzas mayores contra las que es imposible enfrentarse. Replegándote lograrás vencer esas fuerzas enemigas. Ahora bien, esa retirada debes hacerla estratégicamente; no vale simplemente con huir, pues, de hacerlo, solo estarías salvando tu vida de manera egoísta.

Debes ser consciente también del momento en el que emprendes la retirada, en el que habrás de estar bien de fuerza, y no esperar a que llegue el agotamiento para dar marcha atrás, porque eso sería igual de peligroso que quedarse. Este tiempo lo aprovecharás para disponerlo todo y complicar el avance de las fuerzas enemigas. Lo mismo debe hacerse a nivel personal: para que no te desestabilicen, encontrarás fuerza en tu interior, en tus valores. Piensa que ahora mismo eres más débil que los otros y, si no haces nada por retirarte, estarás a su merced y podrán dominarte.

EL HEXAGRAMA POR LÍNEAS

Recuerda que las líneas se cuentan desde abajo hacia arriba. Es decir, que la primera hace referencia a la que está más abajo en el hexagrama.

Un 6 en la primera

Por el momento, detente. Las fuerzas enemigas, los peligros, están cerca y es mejor no emprender ninguna acción, proyecto o relación ahora mismo. Arriesgarte puede traer desventura.

Un 6 en la segunda

A veces, para huir del enemigo necesitas la ayuda de quienes son más fuertes que tú y cuentan con más recursos pero también han emprendido la retirada. Que no te dé vergüenza pedir esa ayuda.

Un 9 en la tercera

Es posible que cuando vayas a comenzar la retirada, te encuentres con situaciones o personas que tratan de retrasarte o incluso impedírtelo. En este caso, es mejor ponerlos de tu parte y emprender la retirada con ellos también, acogiéndolos, aunque vigilante, puesto que no están completamente de tu lado. Será el único modo de no quedarte bloqueado y que te alcancen peligros mayores.

Un 9 en la cuarta

Mantente por encima de las circunstancias. Cuando comiences la retirada, hazlo de manera educada, amable, considerada. Aunque sea una despedida y sepas que lo que queda atrás es algo negativo para ti, debes hacerlo dejando una buena sensación en quien se queda. No dejes una herida infectada porque traerá problemas. Busca que te extrañen, no que te odien.

Un 9 en la quinta

Encuentra el momento idóneo para marcharte. Elegirlo adecuadamente puede suponer una diferencia abismal y evitar discusiones y situaciones desagradables. Ahora bien, eso implica que debes ser firme en tu decisión y dejar claro desde el principio que quieres alejarte, partir, sin que nadie dude sobre ello.

Un 9 en la sexta

Cuando tienes claro el camino para marcharte, eres consciente de cuáles van a ser tus siguientes pasos y, además, sabes lo que dejas atrás al tomar esta decisión, la suerte estará siempre de tu lado.

SE ACERCA UNA ÉPOCA DIFÍCIL.

-

ES MEJOR QUE TE RETIRES Y CONSERVES FUERZAS HASTA QUE ESTE PELIGRO PASE.

34
EL PODER GRANDE

Ta Chuang

Época de tener poder, de gran fuerza y energía; de avanzar y no encontrar resistencia que no se pueda superar (eso sí, tampoco pienses que eres omnipotente, sé consciente de tus límites). Pero también de saber lidiar con ello: de nada sirve la potencia si no se mantiene en el tiempo, si se extingue al instante como una cerilla.

No te dejes arrastrar por el poder y olvides la rectitud, la justicia. Sé responsable siempre en el uso de ese poder. Ambos factores deben ir de la mano. Si eres consciente de esta fuerza con la que ahora cuentas, llegarás más lejos. Confía, en ti y en los demás.

EL HEXAGRAMA POR LÍNEAS

Recuerda que las líneas se cuentan desde abajo hacia arriba. Es decir, que la primera hace referencia a la que está más abajo en el hexagrama.

Un 9 en la primera

No te precipites. Aunque la situación es idónea para avanzar con éxito, si te adelantas o tratas de someterte a demasiada presión, la suerte se convertirá en desventura. Todo tiene su momento y ahora mismo, al ser el principio, debes ir con calma.

Un 9 en la segunda

Comienzas a ser más fuerte que la resistencia y te estás acercando al éxito, pero cuidado con no caer en la arrogancia de creer que ya está todo hecho. No. La perseverancia debe primar en todo momento.

Un 9 en la tercera

Ahora que tienes poder, no te vanaglories, no intentes demostrar constantemente a todo el mundo que lo ostentas. Sé humilde.

Un 9 en la cuarta

Ten tus objetivos definidos y sé perseverante. Para superar las resistencias debes hacer uso del poder, pero no mostrándolo, sino en tu interior, en tus decisiones, en tu forma de comportarte en cada situación y con los demás. Así, avanzarás con éxito.

Un 6 en la quinta

Por fin han cedido todas las resistencias. Ya no hace falta demostrar la fuerza bruta, al revés. Puedes tranquilizarte y proseguir con el avance en paz.

Un 6 en la sexta

Has ido demasiado lejos por el poder, y te has enredado en una situación en la que no puedes ni avanzar ni retroceder. Solo cuando seas consciente de eso y encuentres la calma, podrás recuperar el buen cauce.

NO TE DEJES ARRASTRAR
POR EL PODER
Y OLVIDES LA RECTITUD,
LA JUSTICIA.
SÉ RESPONSABLE SIEMPRE
EN EL USO DEL PODER.

35
EL PROGRESO

Chin

Es un momento maravilloso, de expansión, crecimiento y evolución sin trabas ni complicaciones. Obtendrás una claridad de pensamientos y tus acciones darán sus frutos. Quienes estén a tu alrededor te seguirán en el proceso de manera altruista y te ayudarán a lograr esos objetivos. Por tu cuenta, no conseguirás nada. Conocerás a personas interesantes y buenas para tu desarrollo en todos los aspectos de la vida.

Del mismo modo que no debes aprovecharte de quienes te ayudan para seguir progresando, quienes estén por encima de ti, cuando te pidan ayuda, tampoco lo harán contigo; al contrario, querrán tenerte cerca por tu buen hacer y no debes temer obedecer porque de ese modo ambas partes crecerán en igual medida. Es momento de destacar, de presentarte ante los demás. Vas a deslumbrar.

EL HEXAGRAMA POR LÍNEAS

Recuerda que las líneas se cuentan desde abajo hacia arriba. Es decir, que la primera hace referencia a la que está más abajo en el hexagrama.

Un 6 en la primera

Aunque a veces dudes, estás haciendo lo correcto y llevas un buen ritmo. No te agobies ni te obsesiones con no estar progresando suficientemente rápido. Todo llegará. Probablemente tengas a tu alrededor a personas que te hagan perder la confianza o que no lleguen a comprenderte. No te enfades ni te frustres por ellos. Al final, les demostrarás a todos que hacías lo correcto, aunque el viaje lo inicies en soledad.

Un 6 en la segunda

Por el momento, el progreso está detenido porque aún no has conectado con la influencia, la persona con poder o la situación que te permitirá avanzar con claridad. No te agobies: llegará. Y cuando lo haga, será de manera desinteresada y con dicha por poder ayudarte porque ambas partes os veréis beneficiadas de esta unidad.

Un 6 en la tercera

Cuentas con apoyos. El progreso se logra avanzando en compañía de otros que también buscan el progreso y te animan a continuar.

Un 9 en la cuarta

Evita aprovecharte de la situación de progreso para acaparar de manera egoísta recursos, contactos, etc. Este tipo de comportamientos maquiavélicos saldrán a la luz tarde o temprano y te traerán desdicha.

Un 6 en la quinta

Igual sientes que no has hecho suficiente, que no has obtenido todos los recursos que deberías durante tu progreso, pero son males menores a los que no debes dar importancia. Lo valioso es que has llegado a una posición de poder fuerte, segura, y que lo has hecho con rectitud y sabiduría.

Un 9 en la sexta

Si quieres progresar de manera agresiva, solo debes hacerlo para luchar y corregir los fallos propios y de quienes te rodean. En este caso, ha de ser de forma justificada y sin excederte.

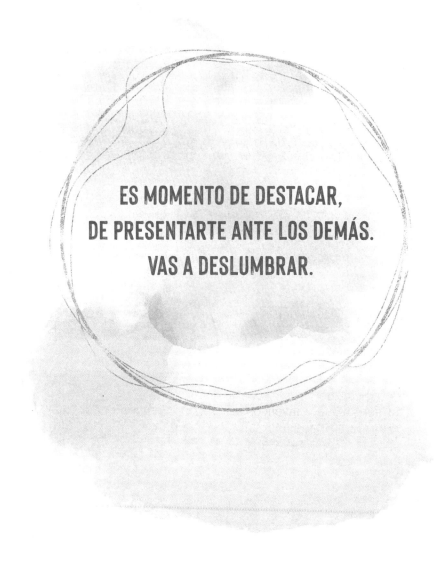

ES MOMENTO DE DESTACAR, DE PRESENTARTE ANTE LOS DEMÁS. VAS A DESLUMBRAR.

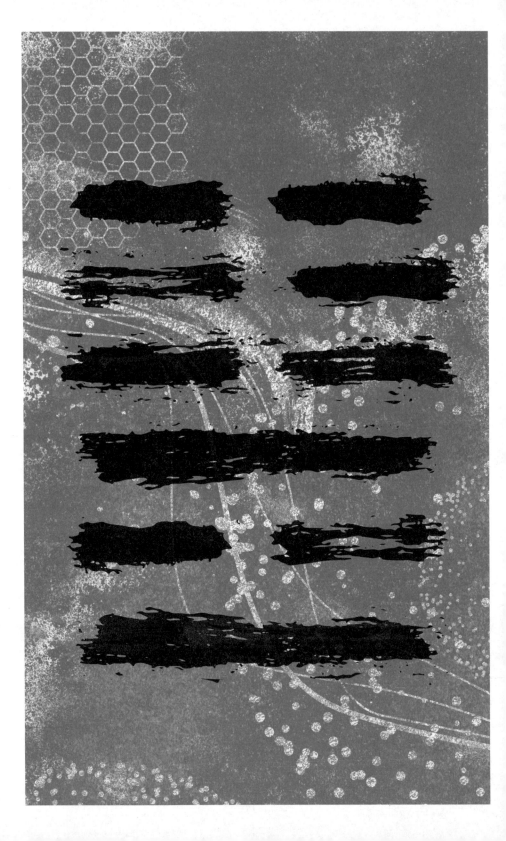

36
LA LUZ OSCURECIDA

Ming I

El peligro, en forma de ambiente, persona o circunstancia, amenaza tu estado actual. Por tanto, lo mejor que puedes hacer es pasar desapercibido. No te dejes doblegar por ello ni permitas que se vean dañados tus valores. Sé dócil y obediente de cara al exterior, pero firme en tus convicciones. A tu alrededor hay demasiada hostilidad. Válete de tus circunstancias y emociones para luchar contra esta situación y progresar. Pero, ojo, a veces tendrás que esconderlas para no provocar la ira o la burla de nada ni nadie. Persevera, pero nunca de cara al exterior para que no puedan dañarte.

La cautela será tu mejor arma en estos momentos. No llames la atención de estas energías negativas ofendiéndolas o queriendo destacar. Evita criticar públicamente nada ni a nadie.

EL HEXAGRAMA POR LÍNEAS

Recuerda que las líneas se cuentan desde abajo hacia arriba. Es decir, que la primera hace referencia a la que está más abajo en el hexagrama.

Un 9 en la primera

Es una época complicada. Aunque quieres avanzar, no es fácil. El peligro te acecha por todas partes y hay numerosos obstáculos que te lo impiden. Solo quienes tienen claro su destino pueden llegar a su meta sin que les afecten las opiniones de los demás.

Un 6 en la segunda

Cuando el peligro llega desde arriba, de una persona o situación más poderosas que tú, preocúpate antes por los demás que por ti y trata de proteger y salvar al resto. Esta actitud, a la larga, traerá suerte.

Un 9 en la tercera

Aunque llevas mucho tiempo intentando enfrentarte y superar estos conflictos y peligros que te atenazan, será el azar lo que lo logre. Aun así, solo es un primer paso y todavía queda trabajo por hacer, no te confíes.

Un 6 en la cuarta

La cercanía con el mal, con el peligro que te acecha es tal, que conoces sus planes y pensamientos. No queda más opción que retirarse y abandonar esa situación, personas, lugar para evitar el dolor.

Un 6 en la quinta

Multiplica tu cautela y no dejes que otros sepan lo que piensas, lo que sientes, lo que opinas. De nada servirá mostrarte de cara al exterior porque no lograrás ningún cambio, solo sufrir más. Finge otra actitud para sobrevivir sin perder la rectitud.

Un 6 en la sexta

El mal ha llegado tan lejos, está tan extendido, que empieza a devorarse a sí mismo hasta desaparecer. Hacer daño a tantas personas y a tantas circunstancias tiene su precio: consumirse.

SÉ DÓCIL Y OBEDIENTE
DE CARA AL EXTERIOR,
PERO FIRME
EN TUS CONVICCIONES.
LA CAUTELA SERÁ
TU MEJOR ARMA
EN ESTOS MOMENTOS.

37
LA FAMILIA

Chia Jen

Este símbolo no hace referencia solo a los lazos familiares, sino a la tribu, al clan, al grupo de amigos. Es momento de venerar, cuidar y fortalecer los vínculos con quienes más cerca tienes. Siempre debe primar la fidelidad y también un orden y una disciplina. La buena conducta y la lealtad son importantes. También las palabras y las acciones tienen su valor, pero siempre que estén dirigidas a un hecho concreto y no a vaguedades abstractas. Además, debes predicar con el ejemplo.

Las posiciones de cada miembro del grupo se han de respetar para que haya fortuna y se logre una fortaleza que lo pueda todo. Siéntete parte de ese ente. Tu presencia es tan valiosa y necesaria como la de los demás eslabones que la componen.

EL HEXAGRAMA POR LÍNEAS

Recuerda que las líneas se cuentan desde abajo hacia arriba. Es decir, que la primera hace referencia a la que está más abajo en el hexagrama.

Un 9 en la primera

Las normas hacen que nadie se salga del camino y mantienen la unidad. Te permiten conocer tu posición dentro del grupo. Es aceptable que quebrantes las normas de vez en cuando, aunque siempre debes tratar de enderezar tu camino después. Si permites que, por falta de reglas a tiempo, surja una mala costumbre, será muy difícil corregir tu forma de ser.

Un 6 en la segunda

No trates de administrar nada a la fuerza. Cada parte del grupo, de la familia, del clan, tiene una labor y esta debe cumplirse adecuadamente para que todo funcione como debería.

Un 9 en la tercera

Cuando se comete una falta por desviarse de las normas, se debe aplicar un castigo. Pero ese castigo ha de ser justo —ni demasiado fuerte ni demasiado débil— y ha de imponerse en el momento oportuno. Esta línea nos dice que, en caso de duda, es mejor actuar con severidad que con dejadez.

Un 6 en la cuarta

Al administrar los recursos —económicos, sociales, de energía…—, siempre debe haber un equilibrio entre lo que se gasta y lo que se almacena. Y quien se encargue de gestionar esto ha de ser fiel y de confianza.

Un 9 en la quinta

Si quieres que te respeten, no busques causar miedo, sino confianza. El amor debe ser lo que mueva cada decisión que tomes. Será así como logres la influencia que buscas.

Un 9 en la sexta

Quien esté a la cabeza, quien ostente un puesto de liderazgo, debe asumir su papel y liderar al resto hacia el éxito con responsabilidad.

ES MOMENTO DE VENERAR, CUIDAR Y FORTALECER LOS VÍNCULOS CON QUIENES MÁS CERCA TIENES.

38
LO ANTAGÓNICO

K'uei

En este momento, es mejor no emprender ningún proyecto, idea o viaje conjunto porque hay demasiada diferencia entre personalidades. Se verá favorecida la individualidad frente a la oposición de fuerzas, ya que podrás destacar sobre el grupo y demostrar tu valía personal. Ahora mismo, la fusión de opiniones y mentalidades es complicada y puede resultar en un posible fracaso. Y decimos «posible» y no «total», porque si se procede con cuidado, conformándonos con los pequeños avances, pueden lograrse grandes cosas. Es por tanto necesario no proceder nunca con agresividad ni de forma ruda, porque de ese modo crecerá el antagonismo entre ambas partes.

Pero no debes tomar lo antagónico como algo negativo. Cuando dos partes antagónicas se encuentran, pueden surgir oportunidades y proyectos únicos debido a su complicada relación y al efecto estimulante que provocan en la otra. Es ley de vida, al fin y al cabo: este antagonismo es lo que permite que reine el orden en la naturaleza.

EL HEXAGRAMA POR LÍNEAS

Recuerda que las líneas se cuentan desde abajo hacia arriba. Es decir, que la primera hace referencia a la que está más abajo en el hexagrama.

Un 9 en la primera

Cuando en un proyecto conjunto aparecen diferencias entre las partes implicadas, no debemos tratar de unirlas a la fuerza. Eso solo traerá problemas. Si ha sido por culpa de un malentendido y quien se aleja está de tu parte, tarde o temprano volverá. Eso sí, debes tener cuidado con quienes, por culpa de un equívoco y aprovechando la coyuntura, se unen a ti sin que sepamos si son de fiar. A estos, es mejor que no les eches a la fuerza porque eso agravaría el conflicto: con el tiempo, serán ellos los que vuelvan a marcharse.

Un 9 en la segunda

Aunque tienes mucho en común con las otras partes implicadas, los conflictos, las diferencias de opiniones, etc., han provocado que no podáis entenderos. Un encuentro casual, sin más pretensiones que recordar lo que os une, más que lo que os diferencia, puede ayudar a arreglar la situación.

Un 6 en la tercera

Tienes la sensación de que todo está en tu contra: las personas, las circunstancias; sientes que te agreden, que te boicotean, incluso que te insultan. Pero aun así, debes seguir adelante en busca de tu meta porque vas por el buen camino. Al final, llegará el éxito aunque el principio haya sido tan complicado.

Un 9 en la cuarta

Estás en un ambiente que no es el tuyo, te sientes como un extraño y no consigues encajar porque tus ideales no se parecen a los de las personas que te rodean. Pero cuando en esta situación encuentres a alguien afín a ti, alguien en quien confiar, tu voluntad os llevará al éxito.

Un 6 en la quinta

Aunque esté oculto entre todo el caos antagónico que te rodea, hay alguien cerca de ti con el que tienes mucho en común y que tiene gran poder. Cuando lo encuentres, únete a él y colaborad.

Un 9 en la sexta

Tienes la sensación de que quienes te rodean son tus enemigos, que buscan hacerte daño, que no tienen nada en común. Pero cuando te des cuenta de que, en realidad, es cosa tuya y que el otro solo busca ayudarte, alcanzarás la paz y el éxito estará más próximo.

NO DEBES TOMAR LO ANTAGÓNICO
COMO ALGO NEGATIVO.
CUANDO DOS PARTES ANTAGÓNICAS
SE ENCUENTRAN, PUEDEN
SURGIR OPORTUNIDADES
Y PROYECTOS ÚNICOS.

39
LA COMPLICACIÓN

Chien

El signo hace referencia a un abismo que tienes delante con una montaña a tu espalda. Así te sientes ahora: rodeado de complicaciones y dificultades a las que no sabes cómo enfrentarte. Pero curiosamente en la inmovilidad de la montaña a tu espalda está la respuesta: igual que lo harías en ese caso, debes caminar despacio, decidiendo cada paso estratégicamente antes de darlo, bordeando el abismo, rodeando los problemas, hasta llegar a una posición de seguridad. Otra opción es retirarse para prepararse antes de volver a enfrentarte a ello.

En estas situaciones, vendrá muy bien contar con compañeros y amigos que te ayuden, y si además existe alguien con más poder que pueda dirigir el complicado avance, mejor. En cualquier caso: no te rindas ni trates de culpar a otros de tu situación. Al cuestionarte si el problema reside en ti, los impedimentos y adversidades serán lecciones de las que aprender y forjarán tu personalidad.

EL HEXAGRAMA POR LÍNEAS

Recuerda que las líneas se cuentan desde abajo hacia arriba. Es decir, que la primera hace referencia a la que está más abajo en el hexagrama.

Un 6 en la primera

Si te encuentras con una complicación, con un obstáculo en tu camino, debes retirarte, valorar todo, preguntarte cómo puedes ponerle fin y esperar al momento adecuado para actuar.

Un 6 en la segunda

Hay veces que, aunque te gustaría poder evitar el conflicto, no te es posible. Este es uno de esos casos. Debes plantarle cara al conflicto para alcanzar una meta mayor con la tranquilidad de que el problema no lo has buscado tú, sino que te ha sido impuesto.

Un 9 en la tercera

Si estás a la cabeza de un grupo, no te lances al peligro sin valorar adecuadamente todas las consecuencias. Aquellos a quienes tienes a tu cargo, quienes están por debajo de ti, te seguirán con fe ciega y luego no podrán hacerse cargo ellos solos. En este caso, es mejor dar marcha atrás y ser menos impulsivo.

Un 6 en la cuarta

Actúa con calma. Valora todo y rodéate de gente que pueda ayudarte. Aunque parezca que el conflicto es fácil de solucionar y que puedes avanzar por el camino más recto sin desviarte, si lo haces te darás cuenta de que no es así y las complicaciones se multiplicarán.

Un 9 en la quinta

Tu destino es ponerle fin al conflicto, por muy inabarcable que te parezca ahora mismo. Lograrás rodearte de los recursos y las personas necesarias para lograrlo siempre que confíes en ti y no te rindas.

Un 6 en la sexta

Aunque la persona que puede hacer frente a semejante conflicto se ha retirado, volverá. Y cuando lo haga, con su poder y sabiduría, logrará grandes resultados. Es importante que te encuentres cerca de ella cuando esto ocurra.

DEBES CAMINAR DESPACIO, DECIDIENDO CADA PASO ESTRATÉGICAMENTE ANTES DE DARLO, BORDEANDO EL ABISMO, RODEANDO LOS PROBLEMAS, HASTA LLEGAR A UNA POSICIÓN DE SEGURIDAD.

40
LA LIBERACIÓN

Hsieh

Los conflictos comienzan a resolverse y se abren los caminos que hasta el momento estaban bloqueados. Por fin eres libre y puedes seguir. Las tensiones empiezan a relajarse y para que lleguen a buen puerto se deben encontrar términos comunes para todas las partes. Es posible que se quedaran cosas por el camino: resuélvelas cuanto antes para seguir avanzando y creciendo.

Aunque se ha empezado a relajar todo, es mejor no presumir del éxito todavía. Se debe buscar el orden. Y si te encuentras con personas que cometen errores, ya lo hagan de forma deliberada o sin darse cuenta, debes perdonarlas y volver a la rutina. El gasto de energía para superar estos problemas ha sido muy elevado, es hora de calmarse poco a poco y de que regrese el equilibrio.

EL HEXAGRAMA POR LÍNEAS

Recuerda que las líneas se cuentan desde abajo hacia arriba. Es decir, que la primera hace referencia a la que está más abajo en el hexagrama.

Un 6 en la primera

Después de todas las dificultades que has vivido y superado, es momento de que te relajes y descanses hasta recuperarte. Luego, hay que seguir.

Un 9 en la segunda

Cuando te enfrentes a los conflictos que no te permiten ser libre (falsas adulaciones, mentiras...) debes hacerlo siempre bajo la guía y la rectitud de tu corazón y sabiendo cuál es el modo más justo para enfrentarte a cada uno de ellos.

Un 6 en la tercera

Si consigues superar los problemas y obtener a cambio recompensas, dinero, contactos..., no te vanaglories de ellos olvidando de dónde vienes y quiénes estuvieron a tu lado en los momentos más difíciles. Si lo haces, atraerás sobre ti la desdicha.

Un 9 en la cuarta

Durante las épocas de conflicto conociste y se te acercaron personas que no deben considerarse como buenas compañías. De hecho, de ellas aprendiste costumbres vulgares y de poco valor. Ahora que ese tiempo ha pasado, debes alejarlas de ti para que lleguen otras de corazón puro y valioso con las que tienes más en común.

Un 6 en la quinta

Para deshacerte de las personas y los pensamientos negativos que te han rodeado últimamente, debes tomar primero la decisión de querer hacerlo. No vale con prohibirles acercarse a ti. Una vez hecho esto, se irán solos.

Un 6 en la sexta

Si el obstáculo, en forma de persona, idea o situación, ha escalado hasta la cima y desde ahí ostenta su poder, se le debe doblegar de manera drástica para que no siga influyendo y llegue la libertad.

SE DEBE BUSCAR EL ORDEN.
Y SI TE ENCUENTRAS CON
PERSONAS QUE COMETEN ERRORES,
YA LO HAGAN DE FORMA DELIBERADA
O SIN DARSE CUENTA,
DEBES PERDONARLAS
Y VOLVER A LA RUTINA.

41
EL DECRECIMIENTO

Sun

Este signo habla de la disminución, del decrecimiento en cualquier ámbito. Se han de pagar las deudas, los impuestos. Es momento de aprender a vivir con menos, de aceptar que ya no se tiene tanto. Tu fuego interior, tus valores, serán más importantes que la pobreza que pueda haber en el exterior. Pero no se ha de pensar en este decrecimiento como algo negativo porque a veces puede ser algo positivo. Es cuestión de adaptarse.

La humildad y la sencillez serán las claves para salir adelante en este momento.

Evita enfadarte y dejarte arrastrar por la ira. La calma y la paciencia serán mejores aliadas. Los sacrificios son inevitables en estos momentos. En épocas como esta, más de pérdidas que de ganancias, debemos proteger mejor que nunca nuestros recursos y administrarlos adecuadamente.

EL HEXAGRAMA POR LÍNEAS

Recuerda que las líneas se cuentan desde abajo hacia arriba. Es decir, que la primera hace referencia a la que está más abajo en el hexagrama.

Un 9 en la primera

Ayudar o dar a los demás, tanto a quienes tienen más poder como a los que tienen menos, es algo maravilloso, pero siempre que nosotros hayamos cumplido previamente con nuestros deberes personales y tengamos suficiente para nosotros mismos.

Un 9 en la segunda

Cuando quieras ayudar a otros, debes hacerlo sin perder tu voluntad y tus principios por el camino. De nada sirve rebajarse solo para cumplir con la voluntad de los demás, ya que así ninguna parte saldrá beneficiada.

Un 6 en la tercera

Esta línea nos advierte de que tres son multitud y uno debe marcharse. Que dos es el número ideal para que llegue el éxito. Que cuando se está solo, aparece siempre la compañía de esa persona, esa idea, ese proyecto, con el que tendremos suerte.

Un 6 en la cuarta

Nuestros defectos alejan a la gente buena que merece la pena tener cerca. Solo con humildad podremos corregirlos y reunirnos con esas personas para encontrar la alegría.

Un 6 en la quinta

La suerte está de tu parte. Tu destino es alcanzarla, así que no temas nada.

Un 9 en la sexta

Si ayudas a los demás, también recibirás y alcanzarás la excelencia. Aunque haciendo esto no obtengamos ventajas personales, conseguiremos algo de lo que podrán aprovecharse todos los demás.

TU FUEGO INTERIOR,
TUS VALORES,
SERÁN MÁS IMPORTANTES
QUE LA POBREZA
QUE PUEDA HABER
EN EL EXTERIOR.

-

LA HUMILDAD
Y LA SENCILLEZ
SERÁN LAS CLAVES
PARA SALIR ADELANTE
EN ESTE MOMENTO.

42
EL CRECIMIENTO

I

Cuando se ayuda a alguien o algo a crecer, se obtienen a cambio una paz y una alegría inigualables. Crecemos interiormente al tiempo que apoyamos proyectos, ideas y a personas que lo merecen y que se sacrificaron antes. Es un momento de ganancias e ingresos, tanto materiales como sociales y espirituales. Debemos aprovechar el tiempo para sacar el mayor partido mientras dure, porque, como todo, este tocará a su fin.

Si encuentras cosas buenas en los otros, imítalas, pero no te aproveches injustamente. Si lo que encuentras son cosas malas, ignóralas. Así crecerás como persona y harás buenos amigos.

EL HEXAGRAMA POR LÍNEAS

Recuerda que las líneas se cuentan desde abajo hacia arriba. Es decir, que la primera hace referencia a la que está más abajo en el hexagrama.

Un 9 en la primera

Si de pronto te llega una ayuda de arriba —dinero, poder, estímulo...—, úsala para un fin último altruista y elevado. El egoísmo te traerá desdicha.

Un 6 en la segunda

Has preparado todo tu entorno y tu interior para que llegue el éxito, y así sucede. Aprovecha el momento y no lo desperdicies. No te dejes arrastrar por la frivolidad y sé perseverante.

Un 6 en la tercera

Incluso situaciones o cosas que en cualquier otra ocasión serían motivo de pena, aquí también traerán ganancias y oportunidades sorprendentes.

Un 6 en la cuarta

Te encuentras en una posición mediadora entre quienes generan las ganancias y quienes han de recibirlas. Actúa con buen criterio, justicia y pureza. Tus palabras serán importantes, serás influyente en las decisiones que se tomen y por el camino lograrás tus objetivos.

Un 9 en la quinta

Si la ayuda que brindas sale del corazón y no de intereses ocultos, encontrarás alegría solo en el mero hecho de conseguir que otros logren sus objetivos.

Un 9 en la sexta

Si no ayudas a otros a pesar de tener la oportunidad y encontrarte en una posición fuerte, de poder, perderás el apoyo y el cariño de los demás. Tampoco pidas nada a nadie si no has establecido ningún tipo de trato previo y solo has buscado tu beneficio personal.

CUANDO SE AYUDA
A ALGUIEN O ALGO A CRECER,
SE OBTIENEN A CAMBIO
UNA PAZ Y UNA ALEGRÍA
INIGUALABLES.

43
EL DESBORDAMIENTO

Kuai

Si hablamos de emociones, podemos pensar en este signo como un momento en el que todo lo que hemos estado conteniendo, todo lo que nos hemos guardado —furia, alegría, lástima, dolor...—, estalla y rompe los diques y limpia todo a su paso. También se puede entender que la gente mediocre, vil, con doble rasero que nos rodea, va a dejar de tener influencia y poder hasta desaparecer.

En cuanto a ideas, proyectos y decisiones: atrévete, da el paso y compártelos con los demás. Separa las emociones de la razón y haz ese cambio trascendente que tenías pensado realizar, pero actúa habiéndolo meditado previamente. No será sencillo, aunque sabes que es necesario. Aléjate de todo lo que puede considerarse maligno o dañino. No trates de ser o sentir lo que no eres o no sientes. No te enfrentes nunca directamente al mal ni a tus defectos ni a quienes buscan hacerte daño, porque un golpe directo solo provoca otro golpe directo. En lugar de gastar energía luchando contra ello, date la vuelta y busca el bien, la bondad, y dirígete en esa dirección. Distribuye entre los demás, comparte, no pienses ni actúes de manera egoísta.

EL HEXAGRAMA POR LÍNEAS

Recuerda que las líneas se cuentan desde abajo hacia arriba. Es decir, que la primera hace referencia a la que está más abajo en el hexagrama.

Un 9 en la primera

Al principio, siempre se tienen muchas ganas de avanzar, de dar ese primer paso. Pero, cuidado, uno debe ser consciente de sus limitaciones para no fracasar. Es mejor estar seguros de hasta dónde somos capaces de progresar y no tratar de abarcar más de la cuenta.

Un 9 en la segunda

Mantente alerta al avanzar, pero actúa con decisión. Prepárate para lo que pueda venirte, sé cauto, pero que el miedo no te impida seguir.

Un 9 en la tercera

Mientras que los demás —sean personas, ideas, proyectos...— intentan luchar por mejorar la situación, por acercarse al éxito, hay alguien o algo negativo cerca de ti que no lo desea y que trata de arrastrarte a su lado. Si no cortas esa relación, los demás no querrán tenerte cerca. Pero si tratas de separarte de ello de forma muy brusca, complicarás la situación. Lo mejor que puedes hacer es mantenerte fiel a ti mismo, ignorar la tentación del mal, de lo vil, y al final encontrarás el camino del bien.

Un 9 en la cuarta

Tu ego te impide darte cuenta de que estás equivocado, de que, por mucho que trates de moverte, el conflicto está en ti, no en el exterior. Incluso este consejo caerá en saco roto por esa razón.

Un 9 en la quinta

Aunque habrá quienes traten de hacerte creer que estás equi-vocado, no es así; la cizaña —en forma de persona, pensamien-to o idea viles— trata de doblegarte y de perderte en el camino en lugar de seguir recto, pero no dejes que suceda.

Un 6 en la sexta

Has alcanzado el éxito, pero aún queda rastro del mal (en el exterior y en nuestro interior) que debe eliminarse antes de que este se reproduzca. Así pues, no bajes la guardia.

DISTRIBUYE
ENTRE LOS DEMÁS,
COMPARTE,
NO PIENSES
NI ACTÚES
DE MANERA EGOÍSTA.

44
LA COMPLACENCIA

Kou

Estate alerta. Lo vil, lo inferior, lo negativo, está cerca y pretende acercarse a ti. Lo mejor es que lo reconozcas pronto y no dejes que se desarrolle ni que se acerque. Hemos de tener cuidado porque normalmente esta malignidad suele tomar formas dulces, afables, hasta divertidas, y es muy fácil dejarse seducir por ella. Si se detuviera a tiempo, no habría mayor complicación y perdería toda su influencia, pero como se le deja hacer porque nos resulta inofensiva, reúne fuerzas y crece. Estate vigilante.

Ahora bien, no debemos pensar que esta complacencia, este «ser buenos» es algo negativo siempre. Al contrario, hay también momentos en los que esta actitud es lo que permite que se den épocas de prosperidad. Pero esto siempre será así cuando las partes implicadas en estar juntas, en ayudarse mutuamente, en apoyarse, están «predestinadas» de alguna manera y no tienen segundas intenciones.

EL HEXAGRAMA POR LÍNEAS

Recuerda que las líneas se cuentan desde abajo hacia arriba. Es decir, que la primera hace referencia a la que está más abajo en el hexagrama.

Un 6 en la primera

El hábito negativo, la persona vil o el sentimiento nocivo se desarrollará deprisa y con fuerza si no lo detienes a tiempo y de forma total. No te dejes engañar por su apariencia inofensiva y hazlo ahora que es débil.

Un 9 en la segunda

El hábito, persona o sentimiento negativo no debe quitarte ni energía, ni tiempo, pero se le debe tener vigilado para que no se desarrolle. No lo ataques, simplemente préstale atención para tenerlo controlado en todo momento.

Un 9 en la tercera

Aunque te gustaría relacionarte con elementos negativos o de valor cuestionable, las circunstancias a tu alrededor te lo impedirán. Lo normal será que te enfades, pero si comprendes el peligro que supone seguir por ese camino y te corriges, habrá suerte.

Un 9 en la cuarta

Puedes aprovecharte de esta persona o sentimiento negativo que te sigue y utilizarlo para que te sirva en el bien mientras no se vuelva contra ti. Pero ten presente que cuando realmente lo necesites, no estará allí para ti.

Un 9 en la quinta

Cuando te encuentres con estos elementos perniciosos, lograrás mejores resultados si, en lugar de enfrentarte directamente a ellos, los dejas en paz y te limitas a actuar tú correctamente, como corresponde. Poco a poco, al ver tu ejemplo, la bondad que existe en su interior, irá ganando terreno y acabará volviendo a la luz.

Un 9 en la sexta

Por su manera de ser, hay quienes no tienen ninguna intención de acercarse a pensamientos y personas inferiores, y los rechazan de manera brusca provocando que estos se sientan ofendidos por su altivez. A estas personas debe darles igual porque saben sobrellevar la situación sin inmutarse.

ESTATE ALERTA.
LO VIL, LO INFERIOR,
LO NEGATIVO,
ESTÁ CERCA Y
PRETENDE
ACERCARSE A TI.

45
LA REUNIÓN

Ts'ui

Para que un grupo tenga fuerza y se logren grandes cosas debe formarse alrededor de una gran idea y de una persona con buena voluntad que haya meditado previamente al respecto. Este tipo de encuentros, en los que hay tanta gente, son propicios para crear proyectos cuando se tiene la misma mentalidad o las mismas ganas, pero también para que se produzcan robos (de ideas, de dinero...). Por ello se debe estar alerta en todo momento.

A nivel personal, piensa en todas las experiencias, vivencias y aprendizajes que has acumulado en los últimos tiempos. Serán tus herramientas para lograr grandes cosas si las sabes combinar bien y no las utilizas por separado.

EL HEXAGRAMA POR LÍNEAS

Recuerda que las líneas se cuentan desde abajo hacia arriba. Es decir, que la primera hace referencia a la que está más abajo en el hexagrama.

Un 6 en la primera

Si te encuentras en mitad de una reunión, de un grupo, y la presión social te impide pronunciarte o sacar a relucir las dudas que tengas, debes tragarte la vergüenza y hablar con quien la dirige. Así encontrarás su apoyo y la gente comenzará a escucharte. Que el miedo no te paralice.

Un 6 en la segunda

No tengas miedo de reunirte con otros. Al contrario, hay fuerzas superiores que apoyan la creación del grupo y es mejor que te encamines hacia ello en lugar de ir por tu cuenta. En compañía de otros te sentirás comprendido.

Un 6 en la tercera

Cuando llegas a un sitio nuevo y no conoces a nadie, es normal que te sientas intimidado. La gente ya tiene sus grupos y es difícil pertenecer a alguno, pero lo mejor que puedes hacer es acercarte a quien tiene más poder y pedirle que te presente al resto de gente. Aunque sea un poco humillante, esta decisión traerá buenos frutos.

Un 9 en la cuarta

Ayuda a crear un grupo y a dirigir los proyectos hacia grandes fines. Como trabajas para otros y no tienes segundas intenciones ni intereses ocultos, lograrás el éxito en lo que te propongas.

Un 9 en la quinta

Cuando los grupos, los equipos, se forman de manera espontánea, suelen salir grandes cosas. Pero, cuidado, porque cuando así sucede, siempre hay alguna persona que tiene intereses ocultos y que espera algo más de forma egoísta. Para ganarse el afecto de estos últimos, lo mejor es mostrarles el valor de la lealtad.

Un 6 en la sexta

Te das cuenta de que los demás no comprenden tus ideas, proyectos o intenciones, y eso te frustra. Es normal. Lo mejor que puedes hacer es tratar de explicarte y no dejarte vencer. De ese modo, es probable que comprendan que están equivocados y te hagan caso.

PIENSA EN TODAS LAS EXPERIENCIAS, VIVENCIAS Y APRENDIZAJES QUE HAS ACUMULADO EN LOS ÚLTIMOS TIEMPOS. SERÁN TUS HERRAMIENTAS PARA LOGRAR GRANDES COSAS SI LAS SABES COMBINAR BIEN Y NO LAS UTILIZAS POR SEPARADO.

46
LA ASCENSIÓN

Sheng

Comienza el viaje hacia las alturas, desde el anonimato y la poca influencia, hasta alcanzar el poder. Época de grandes éxitos si esta ascensión se hace desde la humildad y no de manera agresiva, hiriendo a otros. Ponte en marcha ya mismo. Es el tiempo oportuno, no debes esperar. Ve en busca de quienes pueden ayudarte a lograrlo por su posición superior. Todo el esfuerzo que le dediques a esta empresa tendrá sus frutos siempre que cuides y protejas la semilla que plantes.

EL HEXAGRAMA POR LÍNEAS

Recuerda que las líneas se cuentan desde abajo hacia arriba. Es decir, que la primera hace referencia a la que está más abajo en el hexagrama.

Un 6 en la primera

Aún te encuentras al comienzo de la ascensión —al comienzo de una idea, de la relación con una persona, de un proyecto...—, pero cuentas con el apoyo de quienes están arriba y eso te da seguridad. Coge fuerzas porque será un largo camino.

Un 9 en la segunda

La sinceridad y la autenticidad serán las herramientas más útiles para el viaje, el proyecto o la relación; para que el ambiente en el que te mueves se vaya volviendo cada vez más propicio y menos agresivo. Quizá tu forma de ser, algo ruda, moleste a algunos, pero si nace de la autenticidad, te servirá para alcanzar el éxito en lo que te propongas.

Un 9 en la tercera

Vas a poder ascender sin dificultades ni obstáculos. Aprovecha el momento; aunque sabes que estos tiempos tan fructíferos siempre llegan a su fin, no puedes agobiarte pensando en eso para no malgastar la energía.

Un 6 en la cuarta

Has alcanzado el éxito por haber coronado la cima de tu proyecto, de tu idea. Con esto llega la fama y la posibilidad de codearte con quienes también hicieron grandes cosas antes que tú.

Un 6 en la quinta

Cuando alcanzas el éxito, como es tu caso, debes mantenerte sereno y vigilar aún más cada paso que des para no caer. No te dejes embriagar por la fama y no tengas prisa. Ya no.

Un 6 en la sexta

Nunca pierdas de vista tu objetivo. Ten siempre una razón para seguir avanzando, para seguir creciendo. Aunque el éxito te rodee, no te dejes agotar por los impulsos de mirar solo hacia delante sin recordar el camino que te ha llevado hasta este momento.

ÉPOCA DE
GRANDES ÉXITOS
SI ESTA ASCENSIÓN
SE HACE DESDE LA HUMILDAD
Y NO DE MANERA AGRESIVA,
HIRIENDO A OTROS.

47
LA EXTENUACIÓN

K'un

Son momentos complicados: la época de éxito ha quedado atrás y llega una época difícil, dura, donde tendrás que enfrentarte a injusticias y tiranías y en la que pasarás necesidades. Desconfía de las nuevas relaciones porque es probable que sean interesadas y no sinceras. Quienes están en el poder no son los más adecuados ni tampoco los más justos, así que no intentes escalar ni progresar porque será en balde.

No obstante, si eres una persona fuerte, todo lo que aprendas durante este periodo te ayudará a lograr grandes cosas en el futuro. Evita tratar de influir en los demás durante esta época porque tus palabras no lograrán ningún objetivo. Es mejor callar y fortalecerse interiormente hasta que todo pase, porque pasará, aunque ahora lo veas imposible y el desánimo te amenace. Resiste.

EL HEXAGRAMA POR LÍNEAS

Recuerda que las líneas se cuentan desde abajo hacia arriba. Es decir, que la primera hace referencia a la que está más abajo en el hexagrama.

Un 6 en la primera

En épocas de dificultad, debemos ser fuertes y no dejarnos vencer por la desesperanza. Si, en lugar de seguir caminando, optamos por detenernos y sumirnos en la pena, estará todo perdido. Sé fuerte.

Un 9 en la segunda

Aunque fuera todo va bien y no te faltan ni los proyectos ni las personas que te quieren ni tampoco los planes y posibilidades, por dentro sientes desánimo y tristeza. No te preocupes: te llegará ayuda exterior, que no tiene por qué ser en forma de persona, y si no pierdes la actitud positiva saldrás adelante.

Un 6 en la tercera

No es momento de tomar decisiones a la ligera, sin meditar previamente sobre las consecuencias de nuestras acciones. Al contrario: cálmate y no des pasos en falso ni te pegues de bruces contra muros que sabes que no van a caer. Tampoco es buena idea que intentes apoyarte en personas, proyectos, ideas, que sabes que no te ofrecen ninguna seguridad. Reflexiona.

Un 9 en la cuarta

Desde tu posición de poder te das cuenta de que los que están por debajo de ti necesitan tu ayuda, pero sientes la tentación de quedarte con los que ya están acomodados y no haces nada por los otros. Solo si reúnes valor y buena voluntad podrás enmendar tu error sin que nadie salga perjudicado.

Un 9 en la quinta

Eres consciente de que hay personas y proyectos a tu alrededor que necesitan ayuda tuya y de los demás para salir adelante, pero los otros no quieren echarte una mano; déjalo, no malgastes fuerzas intentando convencerles. Al final pasará. Lo mejor es que, mientras tanto, luches y trabajes por quienes te necesitan.

Un 6 en la sexta

Algunos de los lazos que te unen a personas o proyectos ahora mismo te provocan desazones innecesarias, pero por suerte son frágiles y fáciles de cortar. Hazlo. Esa angustia y la sensación de que no has evolucionado ni aprendido nada y que sigues siendo la persona que eras en el pasado son las que te impiden avanzar.

SI ERES
UNA PERSONA FUERTE,
TODO LO QUE APRENDAS
DURANTE ESTE PERIODO
TE AYUDARÁ A LOGRAR
GRANDES COSAS
EN EL FUTURO.

48
EL MANANTIAL

Ching

Este hexagrama también se puede traducir como «El pozo», ya que hace referencia a la imagen de la naturaleza en la que la tierra proporciona un don inagotable para combatir la sed. En términos prácticos, habla del estado natural, el funcionamiento básico del ser humano, de la sociedad, que si se cuida y se sabe dirigir, logrará grandes cosas. Para ello, hemos de viajar hasta la fuente primigenia, hasta el origen de todo, y comprender sus bases con mente abierta, no con ideas preconcebidas que nos impidan ver la realidad.

Aprovecha todos tus conocimientos y no temas la verdad; al contrario, búscala porque solo con ella de la mano podrás salir adelante. Del mismo modo, rodéate de gente, de emociones y de experiencias saludables, no tóxicas, y atrévete a mostrarte como eres desde el interior y a exteriorizar tus emociones y sentimientos.

EL HEXAGRAMA POR LÍNEAS

Recuerda que las líneas se cuentan desde abajo hacia arriba. Es decir, que la primera hace referencia a la que está más abajo en el hexagrama.

Un 6 en la primera

No te abandones, no te dejes vencer. Cuando renuncias a luchar, cuando te das por vencido, nadie quiere ir en tu ayuda porque saben que te has abandonado. Lucha por salir del pozo enfangado y otros acudirán a echarte una mano.

Un 9 en la segunda

Trabaja las relaciones saludables, con las que puedas lograr objetivos de valor, no las que están envenenadas y solo buscan conseguir algo de ti. Aunque se tengan los recursos, ideas, personas, si no se saben aprovechar, si no se sabe trabajar en equipo y potenciar al máximo, todo es como un jarro lleno de agua, pero plagado de grietas por las que se escapa el contenido.

Un 9 en la tercera

No se están aprovechando los recursos que existen. Hay personas, ideas, energías que se están malgastando y que podrían hacer mucho bien, pero la persona al cargo de la situación tiene que ser consciente de ello para que todos se beneficien de esto.

Un 6 en la cuarta

Es momento de prepararnos interiormente. Aunque quisiéramos ayudar a otros o estar pendientes de lo que nos pasa en el exterior, debemos ser pacientes y reorganizarnos por dentro antes de nada para que así, en el futuro, logremos objetivos más complejos.

Un 9 en la quinta

Hay personas, proyectos, energías positivas que tienen la capacidad de cambiar el mundo para mejor, pero que de nada sirven si se mantienen ocultos, igual que el agua cristalina de un pozo que está por descubrir. Debemos ayudar a que se conozcan.

Un 6 en la sexta

La persona grande, cuanto más ayude a quienes la necesitan, más fuerte y grande se hará. Lo mismo pasa con ese proyecto o esa idea concretos: están ahí para que todos se nutran de ellos porque son una fuente inagotable que se regenera cada vez que se comparte.

ESTE HEXAGRAMA
HABLA DEL ESTADO NATURAL,
EL FUNCIONAMIENTO BÁSICO
DEL SER HUMANO,
DE LA SOCIEDAD,
QUE SI SE CUIDA Y SE SABE DIRIGIR,
LOGRARÁ GRANDES COSAS.

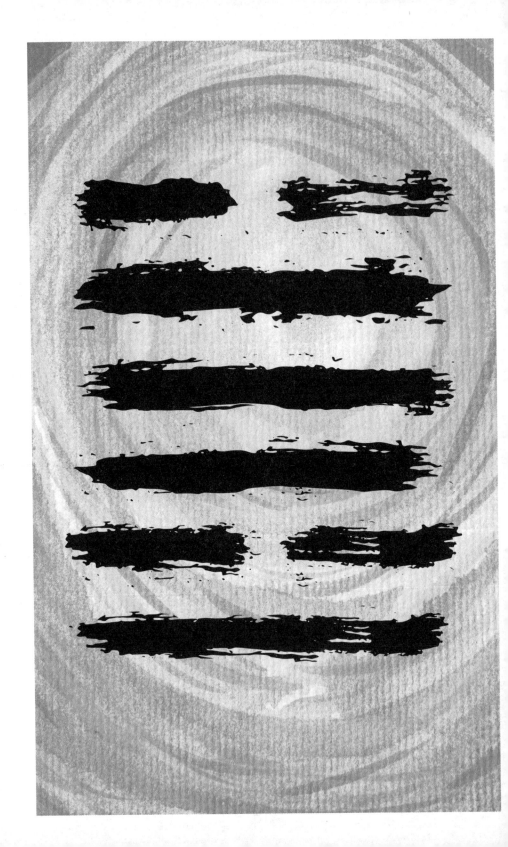

49
LA REVOLUCIÓN

Ko

Ha llegado el momento del cambio. Un cambio natural, en absoluto nimio, que deberá hacerlo quien realmente esté preparado y en el instante oportuno, con la entereza necesaria. Puede ser un cambio personal, profesional, político, social. Sea el que sea, supondrá un punto y final a una etapa y el comienzo de otra completamente distinta. Es hora de romper con lo conocido y aprovecharse del nuevo presente.

Con ello se buscará mejorar la situación general y para ello debes tener en cuenta las necesidades de los demás igual que las tuyas propias. Tu instinto te guiará a la hora de decidir cuándo debe producirse esta revolución y con qué idea, proyecto o decisión exactos.

EL HEXAGRAMA POR LÍNEAS

Recuerda que las líneas se cuentan desde abajo hacia arriba. Es decir, que la primera hace referencia a la que está más abajo en el hexagrama.

Un 9 en la primera

Es época de abastecerse, no de iniciar el cambio. Eso tendrá que suceder cuando se hayan agotado el resto de posibilidades. De intentarlo ahora mismo, puede traer malas consecuencias. Aguarda con paciencia y fortalécete.

Un 6 en la segunda

Después de intentarlo todo sin resultado, ha llegado el momento de iniciar el cambio. Pero este debe producirse con una persona, una idea, un pensamiento fuerte que lo lidere. No vale cualquiera y por eso ha de buscarse el adecuado.

Un 9 en la tercera

Este cambio debe suceder al ritmo adecuado, en el momento correcto; no ha de tomarse esta decisión a la ligera, al igual que tampoco se debe dudar por querer aferrarnos al pasado. Aunque debes estar atento a lo que reclama el cambio, es posible que también haya voces que traten de distraerte. Se ha de meditar antes de dar el paso.

Un 9 en la cuarta

Como se debe a un cambio importante, has de valorar claramente lo que el grupo, el pueblo, la gente necesita, y también lo que nosotros en nuestro fuero interno consideramos oportuno. Solo de esta manera, tratando de ser justo, lograrás el objetivo.

Un 9 en la quinta

Van a seguirte en este cambio porque tienes claro lo que se necesita y las guías y directrices son claras y comprensibles por todos. No dudes porque eres la persona indicada para realizar este cambio.

Un 6 en la sexta

Aunque parezca que el cambio se produce a grandes rasgos, en la parte fundamental, y no en los detalles, no te preocupes: cuando lo esencial se modifique, le seguirá también hasta lo más minúsculo.

HA LLEGADO
EL MOMENTO DEL CAMBIO.
-
SUPONDRÁ UN PUNTO Y FINAL
A UNA ETAPA Y EL COMIENZO
DE OTRA COMPLETAMENTE DISTINTA.
-
ES HORA DE ROMPER
CON LO CONOCIDO Y APROVECHARSE
DEL NUEVO PRESENTE.

50
EL CALDERO

Ting

Igual que la madera sirve de alimento a las llamas que calientan el caldero, nosotros debemos también transformarnos. Es una época perfecta para el cambio, la evolución, el crecimiento y el conocimiento. Cultiva tu mente. El arte, la cultura, tus creencias serán los pilares que te permitirán llegar más alto, más lejos.

No te limites a encontrarle sentido al momento presente, al ahora, sino al futuro. Proyecta dónde quieres llegar. Aspira a dejar huella, y para ello aprende cosas nuevas que te complementen y te hagan más fuerte. Busca trascender y supérate como persona cultivando tus emociones y conociéndote mucho mejor.

EL HEXAGRAMA POR LÍNEAS

Recuerda que las líneas se cuentan desde abajo hacia arriba. Es decir, que la primera hace referencia a la que está más abajo en el hexagrama.

Un 6 en la primera

Para hacer frente a una nueva situación que nos supera debemos prepararnos dejando a un lado lo que nos impide avanzar. La buena voluntad y las ganas de aprender, de superarse, de ser mejor, marcarán la diferencia entre conseguirlo o quedarnos por el camino.

Un 9 en la segunda

De nada sirve imaginar grandes logros si no nos ponemos manos a la obra para alcanzarlos y llevarlos a la práctica. Haz, actúa, no te limites a divagar. Céntrate en tu trabajo e ignora a quienes te envidian o tratan de restarle valor a tu trabajo, así como a quienes te distraen con halagos.

Un 9 en la tercera

Las circunstancias te están desaprovechando. Estás en una posición en la que no se te valora como mereces y en la que tus conocimientos y experiencias caen en saco roto. Aun así, sé paciente y no pierdas la esperanza porque pasarán los periodos de tensión y llegará tu momento de brillar.

Un 9 en la cuarta

Te encuentras frente a una prueba ardua, un proyecto elevado, una empresa que te supera y lo sabes. No estás preparado. Tampoco ayuda que te rodees de personas que no te aportan nada positivo, sino más bien lo contrario, haciendo que al final el resultado sea estéril y caiga la vergüenza sobre ti.

Un 6 en la quinta

Llegará la ayuda para llevar a cabo la empresa que nos hemos impuesto. Es época de grandes logros y de mucho trabajo si no perdemos nuestro rumbo y aprovechamos bien los recursos que nos lleguen.

Un 9 en la sexta

Escucha los consejos de quienes saben más que tú porque con ellos lograrás llevar a cabo grandes obras que todo el mundo admirará y agradecerá.

BUSCA TRASCENDER
Y SUPÉRATE COMO PERSONA
CULTIVANDO TUS EMOCIONES Y
CONOCIÉNDOTE MUCHO MEJOR.

51
EL TRUENO

Chen

Se avecina, o ya ha llegado, un estado de conmoción, una situación que hará temblar hasta nuestros cimientos y creencias y que hará que nada vuelva a ser como antes. Es una prueba que puede afectarnos a nivel personal, profesional, social o familiar y debemos estar preparados para ella, sin perder la esperanza ni tampoco la confianza en nosotros mismos.

No pierdas nunca la confianza en ti. Cuando pase, la serenidad interior será lo único que nos devuelva la paz a pesar del miedo que hayamos sentido. Y todo lo que hayamos aprendido durante la experiencia será lo que nos convierta en personas capaces de dirigir, de liderar con mayor sabiduría.

EL HEXAGRAMA POR LÍNEAS

Recuerda que las líneas se cuentan desde abajo hacia arriba. Es decir, que la primera hace referencia a la que está más abajo en el hexagrama.

Un 9 en la primera

De quienes te rodean, serás la primera persona en darte cuenta de que algo ha sucedido, algo que desestabiliza y rompe todo para volverse a construir. Los demás aún lo ignoran y te sientes fuera de lugar, pero no te preocupes porque esa anticipación te ofrecerá ventaja para superarlo.

Un 6 en la segunda

Con el trueno llegarán las pérdidas, pero serán solo momentáneas aunque ahora no lo veamos. Lo más inteligente será no luchar por mantenerlas a nuestro lado, porque este sería un gesto inútil ya que no depende de nosotros, y esperar a que regresen cuando vuelva la calma, porque lo harán.

Un 6 en la tercera

La serenidad será la única arma con la que cuentas para hacer frente a la conmoción interior que trata de desestabilizarte. Sobre todo, no dejes que el miedo ni la angustia te bloqueen, busca la manera de actuar con determinación.

Un 9 en la cuarta

Es una situación compleja porque las circunstancias no nos dejan actuar aunque queramos. La conmoción ha provocado que todo se enfangue y amenaza con paralizar nuestra evolución hacia el éxito. No trates de enfrentarte a ello directamente porque no servirá de nada.

Un 6 en la quinta

Cuando creemos que nos hemos recuperado de una conmoción, llega otra, y después otra más, amenazando con hacernos perder el equilibrio. No podemos sucumbir. Se debe mantener uno en el centro de toda agitación, sin dejar que nada le venza ni se vea arrastrado de un lado a otro.

Un 6 en la sexta

Aguarda, no actúes, las circunstancias tan convulsas no te permiten razonar con claridad. Aléjate de quienes intentan desestabilizarte en medio de la agitación. Esta actitud puede acarrear que haya personas a tu alrededor que se ofendan, pero no les hagas caso.

NO PIERDAS NUNCA
LA CONFIANZA EN TI.

-

LA SERENIDAD INTERIOR
SERÁ LO ÚNICO
QUE NOS DEVUELVA LA PAZ
A PESAR DEL MIEDO
QUE HAYAMOS SENTIDO.

52
LA QUIETUD

Ken

Como la montaña inmóvil, es tiempo de aguardar, de relajarse y de meditar. Evitemos mirar más allá del presente. No nos angustiemos por lo que pueda venir hasta que llegue el momento oportuno.

Este aquietamiento no hace referencia solo a algo físico, sino también a la parte espiritual. De hecho, solo cuando logremos la paz interior podremos hacer frente a los conflictos que nos rodean.

En momentos de tensión, tratemos de ofrecer tranquilidad y sosiego a los demás.

EL HEXAGRAMA POR LÍNEAS

Recuerda que las líneas se cuentan desde abajo hacia arriba. Es decir, que la primera hace referencia a la que está más abajo en el hexagrama.

Un 6 en la primera

Es aconsejable no moverse al principio, mantenernos quietos antes de iniciar nada para no dejarnos arrastrar por la corriente de las circunstancias. Solo de ese modo podremos valorar realmente los peligros, amenazas y posibilidades que nos rodean. Aprovecha para reflexionar y asegurarte de que conoces todos los detalles antes de dar ningún paso en falso.

Un 6 en la segunda

Por mucho que trates de evitar que otro avance hacia el error y caiga, no podrás hacer nada porque él está por encima de ti, es algo más grande debido a su poder, posición social, laboral, etc., y debes seguirlo. Lo único que puedes esperar es que aprenda la lección después de encontrarse con el obstáculo.

Un 9 en la tercera

Cuando sentimos que todo se está convulsionando a nuestro alrededor, el impulso natural es frenar de golpe, pero eso es un error. Si nos frenamos en seco podemos provocar un derrumbe aún mayor y más acelerado. Es mejor dejar que las circunstancias sigan su curso y poco a poco vayan frenándose por sí mismas.

Un 6 en la cuarta

La paz interior nos permite dejar a un lado los pensamientos egoístas y no pensar tanto en nosotros mismos para alcanzar un conocimiento mayor.

Un 6 en la quinta

Tus palabras, aunque sean en tono de broma, pueden suponer la diferencia entre agravar el conflicto o aquietar la situación. Contén tus pensamientos y medítalos antes de decir nada para no tener que arrepentirte después de alguna impertinencia.

Un 9 en la sexta

Has alcanzado la quietud necesaria para hacer frente a todos los conflictos que te rodean sin que el ego, los nervios o las prisas se interpongan ni te cansen.

COMO LA MONTAÑA INMÓVIL,
ES TIEMPO DE AGUARDAR,
DE RELAJARSE Y DE MEDITAR.
EVITEMOS MIRAR MÁS ALLÁ
DEL PRESENTE.

53
EL PROGRESO PAULATINO

Chien

Es momento de avanzar paso a paso, sin saltarse ninguna fase. De nada sirve meter prisa o acelerar procesos para avanzar más rápido porque conseguiremos lo contrario. El ritmo debe ser el adecuado, tan malo es estancarse como acelerar.

Para que otros piensen como nosotros y comprendan nuestras ideas, no hemos de imponérselas a la fuerza, sino acompañarles en el proceso hasta que las entiendan y las acepten. Busquemos fines a largo plazo, no inmediatos. De ahí que debamos ser constantes, esforzarnos y no rendirnos al ver el proceso tan arduo y largo que supondrá el desarrollo completo.

EL HEXAGRAMA POR LÍNEAS

Recuerda que las líneas se cuentan desde abajo hacia arriba. Es decir, que la primera hace referencia a la que está más abajo en el hexagrama.

Un 6 en la primera

No te precipites: la cautela y la precaución son tus mejores armas. Al principio estarás solo y sin ayuda de ningún tipo, y quienes te vean actuar con cuidado se burlarán de ti, pero no debes hacerles caso.

Un 6 en la segunda

Has llegado a un lugar seguro, una roca en mitad del río. Pasada la incertidumbre del principio te sientes más capaz y esto, ya de por sí, es un éxito que no debes dudar en compartir con otros.

Un 9 en la tercera

Te has excedido y has dado un paso de más, demasiado deprisa, demasiado pronto. Esto trae consecuencias, conflictos, pero lo mejor que puedes hacer en este momento es quedarte donde estás e impedir que te echen de tu posición.

Un 6 en la cuarta

La situación en la que te encuentras no es una en la que te sientas cómodo, ya sea porque es un puesto que no te corresponde, un conflicto que no tiene que ver contigo, etc. De ahí que no puedas defenderte. Cede y, en caso de tener que abandonar, hazlo en el momento más oportuno. Encontrarás un lugar en el que refugiarte hasta que todo pase.

Un 9 en la quinta

Ahora que has llegado a lo más alto, las personas, proyectos, ideas que deberían estar contigo, te abandonan. No es fácil gestionar estas relaciones cuando estás en la cúspide y es posible que haya alguien o algo que haya malmetido para que así sea. En cualquier caso, con el tiempo, volverán a producirse las uniones a pesar de lo vivido.

Un 9 en la sexta

Estás en una posición de absoluto reconocimiento. Todos escucharán tus palabras y seguirán tus pasos; todos te reconocerán. También es una posición de suma responsabilidad. Aprovecha el momento sin perderte en él.

ES MOMENTO DE
AVANZAR PASO A PASO,
SIN SALTARSE
NINGUNA FASE.

-

EL RITMO DEBE SER
EL ADECUADO,
TAN MALO ES ESTANCARSE
COMO ACELERAR.

54
LA DESPOSADA

Kuei Mei

Este hexagrama nos habla de las relaciones que surgen de la sinceridad, en las que ambas partes saben cuál es su posición y lo que pueden obtener de ella. No es tu lugar y lo sabes. Te cuesta encajar porque ya hay un orden establecido que se desequilibra con la presencia de una tercera persona o idea, que quizá seas tú, y que no forma parte de la unión original. Esto te llevará a estar constantemente en conflicto con los demás implicados y a necesitar mucha paciencia y buena voluntad para no romper con todo. La libertad es la única manera de aceptar esta particular relación y lograr algo fructífero de cara al futuro.

EL HEXAGRAMA POR LÍNEAS

Recuerda que las líneas se cuentan desde abajo hacia arriba. Es decir, que la primera hace referencia a la que está más abajo en el hexagrama.

Un 9 en la primera

Tu posición es secundaria respecto a los demás, ya sea en una relación, proyecto, trabajo, etc. No debes tratar de ganar protagonismo, sino integrarte y mantener tu lugar para ayudar en lo que sea posible.

Un 9 en la segunda

El compromiso entre dos personas, proyectos, ideas se ha roto porque una de ellas se ha marchado o no ha cumplido con el trato establecido. Esto provoca que, la que queda, siga avanzando con fidelidad, pero sola.

Un 6 en la tercera

Pretendes alcanzar más de lo que te corresponde, de lo que debes, y para ello debes hacer cosas vergonzosas, ya que sabes que por el camino correcto no lo lograrías nunca. Que cada uno saque sus propias conclusiones de esta manera de actuar.

Un 9 en la cuarta

Llevas esperando mucho mucho tiempo algo en tu camino: la realización de un proyecto, esa persona, esa ayuda..., y por fin ha llegado.

Un 6 en la quinta

Quien se encuentra en el poder y dirige, coloca en una posición aventajada a alguien cercano. Esta persona acepta el cargo y las responsabilidades que vienen con él sin rechistar y con agradecimiento, centrándose en ello para que todo salga lo mejor posible.

Un 6 en la sexta

Que una relación que no es sincera trate de parecerlo es un gasto inútil de energía por ambas partes. De nada sirve cumplir con formalidades si es imposible ocultar la verdad.

ESTE HEXAGRAMA
NOS HABLA DE LAS RELACIONES
QUE SURGEN DE LA SINCERIDAD,
EN LAS QUE AMBAS PARTES
SABEN CUÁL ES SU POSICIÓN
Y LO QUE PUEDEN OBTENER
DE ELLA.

55
LA PLENITUD

Feng

Llega una época de grandes logros y éxitos, y aunque probablemente sea breve, se debe aprovechar al máximo. Todo lo que te propongas se hará realidad, es tu momento y no debes temer, pues solo quienes estén seguros de sí mismos podrán sacar todo el partido a la situación.

Es normal que sientas la aflicción de quien sabe que esta gran época no dura para siempre, pero no te dejes arrastrar por ello.

Disfrútalo, si has llegado aquí es porque has trabajado mucho para ello. Tienes las capacidades y los conocimientos para sacarle partido. Todo está de tu parte porque estás en el lugar al que aspirabas y en el que debes estar, y el miedo no ha de tener cabida en tu corazón.

EL HEXAGRAMA POR LÍNEAS

Recuerda que las líneas se cuentan desde abajo hacia arriba. Es decir, que la primera hace referencia a la que está más abajo en el hexagrama.

Un 9 en la primera

Hay alguien cerca de ti que también está sintiendo este momento de plenitud. Únete a esa persona. Juntos, ambos conseguiréis grandes cosas y podréis aprovechar aún más el momento mientras dure.

Un 6 en la segunda

Aparecen rencillas entre ambas partes implicadas: la pareja, los compañeros de trabajo, los amigos... Debes despejar todas las dudas y limar asperezas para que estas no entorpezcan el camino hacia el éxito.

Un 9 en la tercera

Aunque te gustaría avanzar y lograr grandes cosas, la otra persona, que tiene más poder que tú, te lo impide porque está preocupada por otras cosas y no se centra en lo importante. No es culpa tuya.

Un 9 en la cuarta

Eres la persona encargada de guiar, de liderar. Acepta que estás perdido y que necesitas a alguien que te ayude a salir de la oscuridad y aprovechar el momento. En cuanto lo encuentres, regresará la buena suerte.

Un 6 en la quinta

Sé bondadoso, escucha a quienes quieren ayudarte, a quienes te ofrecen su consejo. Gracias a ellos lograrás triunfar.

Un 6 en la sexta

No te dejes arrastrar por la soberbia y escucha a quienes quieren ayudarte, a quienes buscan tu bien. Si dejas que el ego te deslumbre, estarás perdido y acabarás solo. Sé humilde.

TODO LO QUE TE PROPONGAS
SE HARÁ REALIDAD,
ES TU MOMENTO Y
NO DEBES TEMER.
-
DISFRÚTALO,
SI HAS LLEGADO AQUÍ ES
PORQUE HAS TRABAJADO MUCHO
PARA ELLO.

56
EL CAMINANTE

Lü

No te sientes a gusto porque no es tu zona de confort, estás de paso. Es un periodo breve, pero debe suceder. Mantente al margen y no intentes hacer un inmenso despliegue a tu paso; al revés, en lugar de exhibirte, muéstrate humilde. Rodéate de gente buena, que te aporte y no entorpezca tu marcha. No trates de quedarte para siempre en esta situación, en este lugar. El respeto debe primar cuando te cruces con otros. No esperes que nadie salga a admirarte.

EL HEXAGRAMA POR LÍNEAS

Recuerda que las líneas se cuentan desde abajo hacia arriba. Es decir, que la primera hace referencia a la que está más abajo en el hexagrama.

Un 6 en la primera

Evita intentar gustar a los demás con bromas, gracietas y boberías que además no te definen. Si pierdes tu dignidad en el camino, nadie te tomará en serio.

Un 6 en la segunda

Sé humilde, no intentes destacar. Encontrarás la ayuda que necesitas —de contactos, servicios, trabajo, etc.— si prima en ti la modestia.

Un 9 en la tercera

Mantén un perfil bajo porque no estás en tu zona de confort. Quédate al margen de conflictos y guárdate tus opiniones porque si te entrometes en asuntos ajenos alejarás de ti la ayuda que pueda llegar en el futuro.

Un 9 en la cuarta

De cara al exterior, te conformas. Pero por dentro ambicionas más y nunca estás a gusto con lo que tienes porque consideras que mereces mayor reconocimiento.

Un 6 en la quinta

El tiempo de sentirte como un viajero fuera de lugar ha pasado y has sabido cómo actuar en cada momento. Tu paciencia se ve gratificada con el reconocimiento, el trabajo, el deseo que esperabas, y quienes te han rodeado en esta época tan diferente, compañeros nuevos, amigos, colegas de trabajo, te aceptan.

Un 9 en la sexta

Si en lugar de estar centrado en tu situación te dejas arrastrar por la ligereza y las bromas, como si no fuera importante reconocer que solo estás de paso, atraerás la desgracia. No pierdas tu capacidad de adaptación, ni olvides que estás en terreno desconocido.

RODÉATE DE GENTE BUENA,
QUE TE APORTE Y
NO ENTORPEZCA TU MARCHA.
-
EL RESPETO
DEBE PRIMAR CUANDO
TE CRUCES CON OTROS.
NO ESPERES QUE NADIE
SALGA A ADMIRARTE.

57
LA PERSEVERANCIA

Sun

Lograrás grandes cosas si las trabajas poco a poco, con la actitud del viento que, sin descanso, dispersa las nubes en el cielo. Encontrarás claridad para distinguir entre las buenas y las malas intenciones de los demás; con tu forma de ser, tu sinceridad y tu fuerte personalidad alejarás a quienes buscan maquinar. Tienes buenas ideas, pero no trates de imponerlas a la fuerza. No lo necesitas. Transmítelas poco a poco y mantén una actitud de interés e inquietud por lo que te rodea. No actúes sin haberlo meditado antes o no tendrás ningún efecto.

EL HEXAGRAMA POR LÍNEAS

Recuerda que las líneas se cuentan desde abajo hacia arriba. Es decir, que la primera hace referencia a la que está más abajo en el hexagrama.

Un 6 en la primera

Toma una decisión y no dejes que las dudas te hagan ir y venir mientras pierdes el tiempo sin un objetivo claro. Que la disciplina guíe tus pasos para que no te pierdas en valoraciones provocadas por la inseguridad.

Un 9 en la segunda

Debes averiguar quién o quiénes están malmetiendo, tratando de que los proyectos, deseos, no salgan como deberían. Son malas lenguas y hay que descubrir dónde están, sacarlas a la luz para que los demás lo vean y así pierdan su poder de influencia.

Un 9 en la tercera

Cuando hayas dado suficientes vueltas al asunto, actúa. No sigas divagando, no te pierdas en los «pero, y si...». Nunca sabrás de qué eres capaz hasta que lo intentes. Evita que el miedo te paralice.

Un 6 en la cuarta

Ponte en marcha sin perder la modestia, y todo lo que has aprendido por el camino te servirá para llegar donde te has propuesto. Todo lo que logres se verá reflejado en tus relaciones personales, en el cumplimiento de tus sueños y en tu crecimiento personal.

Un 9 en la quinta

Esta es una de esas ocasiones en las que nos damos cuenta de que no estamos siguiendo el camino que deberíamos. Por eso, hemos de virar y cambiar el rumbo; pero, ojo, esto no significa que debamos comenzar de cero nuestro viaje, ni tampoco que debamos hacerlo con brusquedad y sin meditarlo previamente; al contrario. Antes de decidir por dónde seguir, valoremos las opciones.

Un 9 en la sexta

Has descubierto algo nefasto de la persona o de la situación que te preocupa. No trates de enfrentarte a ello porque no te quedan fuerzas, limítate a atesorar ese conocimiento y a apartarte para que no te absorban más energía.

ENCONTRARÁS CLARIDAD
PARA DISTINGUIR ENTRE
LAS BUENAS Y LAS MALAS INTENCIONES
DE LOS DEMÁS;
CON TU FORMA DE SER,
TU SINCERIDAD Y
TU FUERTE PERSONALIDAD
ALEJARÁS A QUIENES
BUSCAN MAQUINAR.

58
LA SERENIDAD

Tui

Es momento de paz, tranquilidad y serenidad. De disfrutar con los demás momentos especiales y memorables. Tan importante son la verdad y la fuerza en nuestros corazones a la hora de decidir como la dulzura a la hora de actuar. La sinceridad debe primar a la hora de tratar con otros; si por el contrario utilizamos la falsedad para llegar a los demás, la felicidad se evaporará al instante y no durará.

Aprendamos de los demás y dejemos que otros lo hagan de nosotros, porque así siempre será más rico nuestro conocimiento. Es momento de crear en equipo y de realizar proyectos con amigos, con gente a la que queramos y que nos quiera. Debe embargarte la satisfacción de haber llegado hasta aquí y de todo lo que has logrado por el camino.

EL HEXAGRAMA POR LÍNEAS

Recuerda que las líneas se cuentan desde abajo hacia arriba. Es decir, que la primera hace referencia a la que está más abajo en el hexagrama.

Un 9 en la primera

Eres feliz con lo que ya tienes y no buscas en otros lugares para estar más alegre o dudar de tu situación. Todo se dirige a buen puerto y no hace falta que intervengas tú ni lo haga nadie para alcanzar el éxito.

Un 9 en la segunda

Juntarte con quienes te ofrecen placeres cuestionables, inferiores a los que te corresponden, no te hace ningún bien. Aléjate de esas personas que no te valoran como te mereces y encontrarás la auténtica felicidad. Cuando lo hagas, no vendrán detrás de ti para insistirte.

Un 6 en la tercera

Sin un rumbo claro, sin unas metas y unos valores, podremos llenar nuestro vacío con placeres instantáneos que llegan de fuera, pero que no dejan marca en nuestro interior. Eso no es felicidad, son solo distracciones por miedo a conocernos a nosotros mismos.

Un 9 en la cuarta

Debemos diferenciar entre pasiones y alegrías: las pasiones se viven muy intensamente, pero acaban perjudicándonos, robándonos el tiempo y haciéndonos sufrir. Debemos aspirar a las alegrías perennes, las que nos hacen mejores. Aunque creas que no sabes distinguir unas de otras, sí puedes.

Un 9 en la quinta

Todos podemos ser tentados para cometer actos malvados alguna vez: robar, mentir, engañar, traicionar... Pueden ir camuflados en forma de vanas alegrías y debemos saber distinguirlos a tiempo para alejarnos de ellos.

Un 6 en la sexta

Tu vanidad ha hecho que otros tomen el control de tu vida. Te has dejado influir por los placeres externos y, sin rumbo, será el azar quien decida por ti. Debes recuperar la firmeza interior para que esto no suceda.

TAN IMPORTANTE
SON LA VERDAD Y LA FUERZA
EN NUESTROS CORAZONES
A LA HORA DE DECIDIR
COMO LA DULZURA
A LA HORA DE ACTUAR.

59
LA DISOLUCIÓN

Huan

Nos encontramos en un momento de bloqueo que tenemos que lograr superar. La única manera de hacerlo es dejando a un lado el egoísmo y uniéndonos con los demás elementos —personas, ideas, deseos…— para remar todos en la misma dirección. No te contengas de ninguna manera. Se necesita una persona humilde que encabece la marcha y lleve a cabo grandes objetivos.

El perdón y el olvido no son fáciles, pero solo a través de ellos podremos seguir avanzando. Aprovecha el momento para hablar y expresar tus emociones sin miedo ni vergüenza para que los demás te entiendan y todo fluya como debe.

EL HEXAGRAMA POR LÍNEAS

Recuerda que las líneas se cuentan desde abajo hacia arriba. Es decir, que la primera hace referencia a la que está más abajo en el hexagrama.

Un 6 en la primera

Antes de que se produzca la separación que se avecina, toma medidas. Habla, evita malentendidos y hazlo de forma rápida y directa.

Un 9 en la segunda

Cuando la negatividad y los malos pensamientos te invadan, trata de deshacerte de ellos para no estancarte en el odio. Y si no eres capaz de hacerlo por tu cuenta, busca ayuda en quienes sean para ti un apoyo.

Un 6 en la tercera

En momentos en los que las circunstancias externas nos superan, debemos olvidarnos de nosotros mismos y ayudar en todo lo que podamos a quienes nos necesitan. Al renunciar a nosotros mismos en favor de alguien que nos necesita o de un proyecto o idea que no saldría adelante sin nuestra presencia, estamos haciendo lo correcto.

Un 6 en la cuarta

Cuando nos proponemos un plan a largo plazo que proporcionará grandes beneficios a todo el mundo, debemos renunciar a proyectos o ideas más cercanos e instantáneos, y centrarnos en el horizonte. No obstante, solo algunos son capaces de comprender la totalidad de su viaje y la grandiosidad del éxito que aguarda en la lejanía.

Un 9 en la quinta

Cuando el grupo, el equipo del trabajo, la familia o los amigos se separen debemos dar con esa idea, con esa necesidad común que vuelva a unirnos para luchar todos en la misma dirección y sacar el proyecto adelante. Si no, seguiremos separándonos inexorablemente. Nada es más útil para acabar con un final que un nuevo principio.

Un 9 en la sexta

Más allá de alejarte tú del peligro y de las ideas perniciosas, debes ayudar a otros también a huir de esos males. Si haces lo correcto, los demás te seguirán.

EL PERDÓN
Y EL OLVIDO
NO SON FÁCILES, PERO
SOLO A TRAVÉS DE ELLOS
PODREMOS SEGUIR
AVANZANDO.

60
LA LIMITACIÓN

Chieh

Es momento de contención, de refrenar impulsos y también de acotar nuestro campo de actuación para llevar a cabo nuestras ideas y proyectos. Controla para que no se diluyan las energías. En el plano emocional, evalúa la situación y concéntrate para saber cómo proceder sin desgastarte. La libertad está bien para una primera fase, pero después debemos aprender a acotar y dirigir nuestros esfuerzos a cosas concretas para materializarlas.

Ahora bien, tampoco debemos refrenarnos por completo y ahogarnos en el proceso, igual que tampoco hemos de imponer con excesiva vehemencia estos límites a los demás o estos se revolverán con violencia. Organízate poniendo barreras, márgenes —ya sean temporales, económicos, energéticos…— que te ayuden.

EL HEXAGRAMA POR LÍNEAS

Recuerda que las líneas se cuentan desde abajo hacia arriba. Es decir, que la primera hace referencia a la que está más abajo en el hexagrama.

Un 9 en la primera

Hay muros a tu alrededor que te impiden ir más allá. Los conoces, los ves, y tratar de derrumbarlos sería un gasto inútil de energía. Mantente dentro de los límites y prepárate, hazte más fuerte; la discreción es tu mejor arma. Más tarde llegará el momento de actuar.

Un 9 en la segunda

Actúa. Ha llegado el momento. Y hazlo sin dudar y rápido en cuanto los obstáculos desaparezcan.

Un 6 en la tercera

Es muy fácil dejarse arrastrar por los placeres, el despilfarro y la desinhibición absoluta, pero después llegará la pena. No trates, entonces, de culpar a otros. Tú eres quien ha provocado esa situación y, hasta que no lo aceptes, las cosas no mejorarán.

Un 6 en la cuarta

Cuando nos proponemos un plan a largo plazo que proporcionará grandes beneficios a todo el mundo, debemos renunciar a proyectos o ideas más cercanos e instantáneos, y centrarnos en el horizonte. No obstante, solo algunos son capaces de comprender la totalidad de su viaje y la grandiosidad del éxito que aguarda en la lejanía.

Un 9 en la quinta

Debes actuar como modelo de los demás a la hora de ponerte los límites. Si pretendes que otros se restrinjan mientras tú despilfarras, solo conseguirás penurias, enfados y conflictos.

Un 6 en la sexta

Considera una limitación absoluta solo en las ocasiones en las que realmente se requiera. Si de manera habitual te coartas o coartas a otros con severidad, acabarás ahogándote en tentaciones mucho más peligrosas.

ES MOMENTO
DE CONTENCIÓN,
DE REFRENAR IMPULSOS
Y TAMBIÉN DE ACOTAR
NUESTRO CAMPO DE ACTUACIÓN
PARA LLEVAR A CABO
NUESTRAS IDEAS
Y PROYECTOS.

61
LA VERDAD INTERIOR

Chung Fu

La solución está en tu interior: aprende a escucharte, a dejarte guiar por la conciencia, por la verdad que guardas en tu interior. No es fácil muchas veces conocerse a uno mismo, pero debes intentarlo. Autoevalúate. La honestidad e integridad han de ser tu brújula a la hora de guiarte. Para convencer a otros, también debes aprender a escucharlos, comprenderlos y aceptarlos. Solo así lograrás convencerlos y que surja un cambio en ellos.

EL HEXAGRAMA POR LÍNEAS

Recuerda que las líneas se cuentan desde abajo hacia arriba. Es decir, que la primera hace referencia a la que está más abajo en el hexagrama.

Un 9 en la primera

Encuentra la paz interior creyendo en ti. No necesitas a otros, no busques alianzas en los demás para autoconvencerte de nada o confiar en que lo que haces está bien. El único respaldo que necesitas es el tuyo propio.

Un 9 en la segunda

No intentes influir *per se*, porque lograrás el efecto contrario. Sé tú mismo y conectarás con quienes son afines a ti, desde la honestidad y la verdad. Encontrarás el eco en otras personas si todos tus actos surgen de la verdad y de la pureza de tu corazón. Influir nunca debe ser la meta, sino algo que suceda de manera espontánea y natural. No lo fuerces. Exprésate sin miedos ni segundas intenciones y otros te seguirán.

Un 6 en la tercera

Ahora mismo, tu alegría, tu paz interior, depende más de los demás que de ti mismo. Tus amigos, tus compañeros de trabajo, gente a la que quieres impresionar, tu pareja... Si uno no encuentra la felicidad se verá arrastrado por las corrientes que lo rodean. Ahora bien, depende de cada uno el valorar si eso es algo positivo o negativo.

Un 6 en la cuarta

Escucha a quienes saben más que tú, a quienes han vivido más y pueden iluminar tu camino. Encuentra un maestro, un profesor, un sabio que te guíe y hazlo siempre con humildad y sin envidias, pues estás ahí para aprender y corregir errores.

Un 9 en la quinta

En ti reside la unión de todo el grupo. Influyes en los demás y lo haces para bien. Pero, cuidado, si no creas lazos sólidos y sinceros entre las partes, y entre ellas y tú, todo se destruirá en el momento decisivo.

Un 9 en la sexta

No pierdas el tiempo tratando de convencer a otros de lo que deben o no deben hacer. Si insistes en esta actitud, lograrás lo contrario. Trabaja, actúa como consideras que se debe en todo lo que te concierne a ti, y otros te seguirán.

AUTOEVALÚATE.
LA HONESTIDAD E INTEGRIDAD
HAN DE SER TU BRÚJULA
A LA HORA DE GUIARTE.

-

APRENDE A ESCUCHARTE,
A DEJARTE GUIAR
POR LA CONCIENCIA,
POR LA VERDAD QUE GUARDAS
EN TU INTERIOR.

62
EL VALOR DE LO PEQUEÑO

Hhsiao Kuo

Es época de volar bajo, de proponerte metas y proyectos que no supongan un gran agotamiento para ti porque si son más grandes no podrás llevarlos a cabo. Mantén un perfil bajo y evita tratar de influir en los demás porque eso no tendrá efecto alguno en estos momentos. Sé consciente de tus límites para esforzarte dentro de ellos y actuar con mayor seguridad. Confórmate con lo que tienes.

EL HEXAGRAMA POR LÍNEAS

Recuerda que las líneas se cuentan desde abajo hacia arriba. Es decir, que la primera hace referencia a la que está más abajo en el hexagrama.

Un 6 en la primera

Aún no estás preparado para hacer nada que se salga de lo habitual, de lo tradicional: estás como un pájaro recién nacido que todavía no sabe volar. Si lo intentas, atraerás la desgracia. Mejor esperar.

Un 6 en la segunda

Debes dar los pasos pertinentes para alcanzar tus objetivos. Por encima de ti hay otros a los que quieres llegar con tus propuestas, ideas, sueños, pero para ello has de seguir un orden. Hazlo, y aunque no logres lo que te habías propuesto, te quedarás muy cerca de tu objetivo y debes conformarte con ello.

Un 9 en la tercera

Es momento de tener cautela. Aunque creamos que somos fuertes y podemos con todo, no es así. Hay peligros que nos acechan y que esperan a que nos confiemos para actuar. Es mejor ser precavidos y evitar que nos sorprendan por la espalda.

Un 9 en la cuarta

Cuídate, pero no actúes. Mantente alerta, aprende, escucha, pero resérvate para más adelante. No acometas tus objetivos por tu cuenta esperando lograrlos, porque te quedarás a las puertas.

Un 6 en la quinta

Aunque estás en posición de poder, busca ayuda. Necesitas gente a tu alrededor que te sea útil, no tienen por qué ser ni muy poderosos ni muy conocidos, tan solo útiles para ti. Si, por el contrario, decides actuar por tu cuenta, fracasarás.

Un 6 en la sexta

Sé consciente de tus limitaciones y no trates de alcanzar objetivos más lejanos de los que puedes lograr. Si lo haces, encontrarás desdichas. Céntrate en las pequeñas cosas y tendrás éxito.

SÉ CONSCIENTE DE
TUS LÍMITES PARA
ESFORZARTE DENTRO DE ELLOS
Y ACTUAR CON MAYOR SEGURIDAD.
CONFÓRMATE CON
LO QUE TIENES.

63
EL DESENLACE

Chi Chi

El final de un ciclo supone el comienzo de otro, y es así como debe entenderse el momento actual. Cuando llegan situaciones como esta, en la que se ha consumado un trabajo, un proyecto, una empresa que nos ha llevado mucho tiempo, debemos extremar la cautela. El éxito está en las pequeñas cosas, en las pequeñas acciones que llevamos a cabo ahora que todo parece tranquilo.

No debemos dejarnos arrastrar por la desgana o por la indiferencia solo porque hayamos culminado una etapa. Si lo hacemos, se pueden complicar mucho las cosas. Aunque todo parece en equilibrio, el caos puede desatarse con el más mínimo movimiento, de ahí que debamos ser previsores y estar atentos para evitarlo. Dispongo todo para enfrentarte al futuro.

EL HEXAGRAMA POR LÍNEAS

Recuerda que las líneas se cuentan desde abajo hacia arriba. Es decir, que la primera hace referencia a la que está más abajo en el hexagrama.

Un 9 en la primera

Una vez hemos llegado al culmen de un proyecto —laboral, vital, emocional...—, tendemos a seguir avanzando en este nuevo comienzo con energía, y no deberíamos; es mejor refrenarse, parar, observar y comprender la nueva situación antes que seguir. Es mejor aguardar y analizar el camino con cabeza fría aunque las otras partes insistan en avanzar.

Un 6 en la segunda

Después de momentos de cambio hay quienes intentan destacar por encima de los demás. Suelen ser personas a las que se les ha ayudado desde esferas superiores y, una vez arriba, se arriman a quien haga falta, sin ninguna brújula moral, para no perder lo que tienen. Tú no seas así. Lo que mereces, te llegará. Lo que ya tienes, no lo perderás. Esa es una manera indigna de comportarse.

Un 9 en la tercera

Cuando se logra conquistar un territorio —no solo físico, sino también emocional, social, etc.— es habitual que en las regiones más distantes de esa conquista se produzcan revueltas y conflictos. No debemos tomárnoslas a la ligera ni tampoco pensar que carecen de importancia, al contrario. De hecho, esos nuevos territorios a los que llegas debes considerarlos tan valiosos y útiles como los principales.

Un 6 en la cuarta

En época de cambio, surgen tensiones y salen a la luz verdades desagradables que acaban olvidándose cuando se alcanza el éxito general. Sin embargo, es mejor recordar y trabajar esas cuestiones para que no permanezcan latentes y resurjan en el futuro. No te dejes arrastrar por la falsa sensación de seguridad.

Un 9 en la quinta

Cuando se alcanza un éxito, las emociones y sentimientos auténticos que nos han llevado a lograrlo los desplazamos a un rincón en favor de gestos más grandilocuentes, espectaculares y llamativos. Pero debemos recordar que valen más los actos sinceros y pequeños que las muestras exageradas que solo sirven para exhibirnos frente a otros.

Un 6 en la sexta

Es muy tentador regodearnos por nuestros grandes logros pasados que nos han llevado al éxito presente, pero esta actitud es peligrosa: el trabajo no ha terminado aún y, si actuamos así, lo único que conseguiremos será caer de lleno en los peligros del futuro.

EL ÉXITO ESTÁ
EN LAS PEQUEÑAS COSAS,
EN LAS PEQUEÑAS ACCIONES
QUE LLEVAMOS A CABO.

-

DISPONLO TODO
PARA ENFRENTARTE
AL FUTURO.

64
ANTES DE LA CULMINACIÓN

Wei Chi

En términos generales, este hexagrama nos habla del orden que surge tras el caos. Es época de transición, de nuevos principios. Será una empresa difícil, pero llena de éxitos. Ha de hacerse con cautela, sigilo y apoyándonos en los elementos más seguros de todos los que nos rodean.

Comprende el objetivo y plantea una estrategia antes de seguir. Evita actuar con premura y temeridad porque puedes fallar en el último momento. En estos instantes en los cuales el cambio está próximo, reflexiona y prepárate para el cambio que se aproxima.

EL HEXAGRAMA POR LÍNEAS

Recuerda que las líneas se cuentan desde abajo hacia arriba. Es decir, que la primera hace referencia a la que está más abajo en el hexagrama.

Un 6 en la primera

No trates de destacar. No es el momento. Sé prudente y no atraigas hacia ti la vergüenza y el fracaso de quienes quieren llamar la atención en una mala situación.

Un 9 en la segunda

Aunque no sea aún momento de actuar, no pierdas de vista el objetivo. Prepárate para cuando llegue la ocasión. Si te dejas vencer por la pereza y aguardas con pasividad, nunca alcanzarás el éxito. Ten claro lo que quieres y al final lo lograrás.

Un 6 en la tercera

Es momento de encontrar ayuda: compañeros, amigos, colaboradores, recursos... La transición va a dar comienzo y no podemos pretender realizar el viaje solos, contando únicamente con nuestra fuerza. Solo con el apoyo de otros lograremos el éxito.

Un 9 en la cuarta

Ha llegado el momento de comenzar el cambio. Convéncete de la meta que quieres alcanzar. Ten la vista puesta en el futuro y no malgastes energías culpándote por situaciones del pasado. Lucha.

Un 6 en la quinta

Has logrado tu objetivo con éxito. Ahora que estás en posición de poder, vendrán otros a ayudarte porque quieren cooperar contigo. Has conquistado una posición de liderazgo y ahora guías a otros. Es momento de disfrutar de este tiempo lleno de luz que deja atrás los sinsabores del pasado.

Un 9 en la sexta

Rodéate de quienes te quieren y alegraos por todo lo conseguido, pero siempre con moderación. No banalices la situación ahora que estás en una posición fuerte ni te excedas porque podrías perder lo que has conquistado con tanto esfuerzo. Sé siempre humilde.